La Ley de
Atracción

Otros títulos en español de Hay House

Aventuras de una Psíquica, Sylvia Browne
Conversaciones con el Otro Lado, Sylvia Browne
La Desaparición del Universo, Gary R. Renard (2009)
Dios, La Creación e Instrumentos para la Vida, Sylvia Browne
El Fascinante Poder de la Intención Deliberada Esther y Jerry Hicks
Feng Shui para Occidente, Terah Kathryn Collins
Gratitud, Louise Hay
Inspiración, Doctor Wayne W. Dyer
Lecciones de Vida por Sylvia Browne, Sylvia Browne
El Libro de los Ángeles de Sylvia Browne
Meditaciones para Sanar Tu Vida, Louise Hay
Un Mensaje de García, Charles Patrick Garcia
¡El Mundo Te Está Esperando!, Louise Hay
La Naturaleza del Bien y del Mal, Sylvia Browne
Los Niños Índigo, Lee Carroll y Jan Tober
La Oración y las Cinco Etapas de Curación,
Doctor Ron Roth y Peter Occhiogrosso
Pedid que ya se os ha dado, Esther y Jerry Hicks
Pensamientos del Corazón, Louise Hay
La Perfección del Alma, Sylvia Browne
El Poder Contra la Fuerza, Doctor David R. Hawkins
El Poder Está Dentro de Ti, Louise Hay
El Poder de la Intención, Doctor Wayne W. Dyer
Respuestas, Louise Hay
Sana Tu Cuerpo, Louise Hay
Sana Tu Cuerpo A–Z, Louise Hay
Secretos y Misterios del Mundo, Sylvia Browne
Si Usted Pudiera ver lo que Yo Veo, Sylvia Browne
Sobrevivir para Contarlo, Immaculée Ilibagiza
10 Secretos para Conseguir el Éxito y la Paz Interior, Doctor Wayne Dyer
Su Realidad Inmortal, Gary R. Renard (2010)
Usted Puede Sanar Su Vida, Louise Hay
La Vida es Corta — Póngase sus Pantalones de Fiesta, Loretta LaRoche
Vive Tu Vida, Doctor Carlos Warter
Vivir en Equilibrio, Doctor Wayne W. Dyer
¡Vivir! Reflexiones Sobre Nuestro Viaje por la Vida, Louise Hay

⊸❖⊸

(760) 431-7695 o al (800) 654-5126

Hay House USA: **www.hayhouse.com**®

La Ley de Atracción

Conceptos básicos de las Enseñanzas de Abraham

ESTHER y JERRY HICKS

(Las Enseñanzas de Abraham®)

HAY HOUSE LLC
Carlsbad, California • New York City
London • Sydney • New Delhi

Publicado en los Estados Unidos por: Hay House LLC, P.O. Box 5100,
Carlsbad, CA 92018-5100 USA • (760) 431-7695 ó (800) 654-5126
www.hayhouse.com®

Editado por: Jill Kramer • *Diseño:* Tricia Breidenthal
Traducido al español por: Adriana Miniño (**adriana@mincor.net**)
Título del original en inglés: The Law of Attraction: The Basics of the
Teachings of Abraham®

ISBN: 978-1-4019-1752-4

20 19 18 17 16 15 14 13 12 11
Impresión #1: octubre 2007
Impresión #5: agosto 2008

Impreso en los Estados Unidos

Contenido

Prólogo por Neale Donald Walsch xiii

Prefacio por Jerry Hicks..
xvii

PRIMERA PARTE: Nuestro sendero hacia la experiencia con Abraham

Introducción, *por Jerry Hicks* 3
* Una corriente constante de grupos religiosos................................... 4
* Una tabla de ouija deletrea el alfabeto 5
* Piense y hágase rico 7
* Seth habla sobre crear su propia realidad 8

Mis miedos se despejaron, *por Esther Hicks*.. 10
* Sheila "canaliza" a Theo 11
* ¿Debo meditar? 12
* Algo comenzó a "respirarme" 14
* Mi nariz deletrea el alfabeto 15
* Abraham comienza a teclear el alfabeto... 16
* La mecanógrafa se convierte en oradora 17
* La deliciosa experiencia de Abraham evoluciona........................... 18

Conversando con Abraham, *por Jerry Hicks* 19
* Nosotros (Abraham) nos describimos como maestros 20
* Tienes un *Ser Interior* 22
* No deseamos alterar tus creencias 22
* Eres es un ser valioso para *Todo-Lo-Que-Es*................................... 23

Introducción sobre estar en el Bienestar.. 25
* Las *Leyes Universales:* Definición 26

SEGUNDA PARTE: La *Ley de Atracción*™

- La *Ley de Atracción* Universal: Definición 31
- Pensar en algo es invitarlo 33
- Mis pensamientos tienen poder magnético 35
- Mi *Ser Interior* se comunica a través de las emociones 36
- Mi omnipresente *Sistema de Guía Emocional* 38
- ¿Y si deseo que ocurra más rápido? 38
- ¿Cómo deseo verme? 39
- Bienvenido al planeta Tierra, mi pequeño 41
- ¿Es verdad que mi "realidad" es lo único real? 42
- ¿Cómo puedo incrementar mi poder magnético? 42
- El *Proceso del Taller Creativo* de Abraham 43
- Estoy ahora en mi *Taller Creativo* 45
- ¿No son acaso todas las *Leyes* Universales? 47
- ¿Cómo puedo usar mejor la *Ley de Atracción?* 47
- ¿Puedo revertir en un instante mi Impulso Creativo? 48
- ¿Cómo puede alguien superar la desilusión? 49
- ¿Cuál es la causa de las ondas mundiales de eventos
  indeseados? 50
- ¿Es posible que la atención a los procedimientos médicos
  atraiga más de lo mismo? 51
- ¿Debo descubrir la causa de mis emociones negativas? 52
- Un ejemplo de cómo obviar una
  creencia indeseada 53
- ¿Crean también los pensamientos durante mis sueños? 55
- ¿Debo aceptar lo bueno y lo malo de los demás? 56
- ¿Debemos aplicar el mandato "no resistáis al que es malo"? 56
- ¿Cómo puedo saber lo que realmente quiero? 57
- Quería azul y amarillo y me llegó verde 59
- ¿Cómo atrae la víctima al ladrón? 60
- Decidí mejorar mi vida 62
- ¿Qué hay tras nuestros prejuicios religiosos y raciales? 63
- ¿Se atraen los "polos iguales" o los "polos opuestos"? 63
- ¿Y qué ocurre cuando lo que antes se sentía bien ahora se
  siente mal? 64

- ¿Está todo compuesto de pensamientos? 66
- Deseo más alegría, felicidad y armonía 66
- ¿No es egoísta desear más alegría? 67
- ¿Qué es más ético: dar o recibir? 68
- ¿Y qué tal que todo el mundo obtenga lo que desea? 69
- ¿Cómo puedo ayudar a las personas que sufren? 70
- ¿La clave es dar un ejemplo de alegría? 71
- ¿Es posible pensar negativo y sentirme positivo? 72
- ¿Qué palabras ayudan a estar en el Bienestar? 73
- ¿Cuál es la medida de nuestro éxito? 74

TERCERA PARTE: La *Ciencia de la Creación Deliberada*™

- La *Ciencia de la Creación Deliberada:* Definición 79
- Lo invité a mi vida al pensar en eso 81
- Mi *Ser Interior* se está comunicando conmigo 82
- Todas las emociones me hacen sentir bien... o mal 83
- Puedo confiar en mi Guía interna 83
- ¿Cómo es que estoy obteniendo lo que estoy obteniendo? 85
- Soy el creador exclusivo de mis experiencias 86
- Atraigo magnéticamente pensamientos en armonía vibratoria 87
- Mientras pensamos y hablamos, creamos 87
- El sutil equilibrio entre *desear* y *permitir* 89
- ¿Cómo se siente, bien o mal? 90
- Un ejercicio para ayudarlos en la *Creación Deliberada* 91
- Los pensamientos que evocan profundas emociones,
  se manifiestan con mayor rapidez 92
- Un resumen del *Proceso de la Creación Deliberada* 94
- Prestar atención a *lo-que-es* solamente crea más de *lo-que-es* 95
- Agradecer algo lo atrae 95
- ¿Funcionan las *Leyes Universales* aunque yo no crea en ellas? 96
- ¿Cómo hago para no obtener lo que no deseo? 96
- Esta sociedad civilizada luce carente de alegría 97
- Quiero desear con mayor pasión 97

- ¿Es posible liberarme de creencias contraproducentes? 98
- ¿Es posible que las creencias de mis vidas pasadas afecten mi vida actual? 99
- ¿Pueden mis expectativas negativas afectar el Bienestar de los demás? 99
- ¿Se pueden deshacer las programaciones pasadas causadas por otras personas? 100
- ¿Está mi punto de poder funcionando ahora mismo? 101
- ¿Cómo ocurrió la primera cosa negativa? 101
- ¿Es lo mismo la imaginación que la visualización? 102
- ¿Es ser paciente una virtud positiva? 105
- Quiero dar un salto cuántico 105
- ¿Son más difíciles de manifestar las cosas más grandiosas? 107
- ¿Puedo comprobarle a los demás estos principios? 107
- ¿Por qué creemos tener que justificar ante los demás nuestras cosas buenas? 107
- ¿Cómo se adaptan las *acciones* o las *obras* en la receta de Abraham? 108
- Estoy cimentando mis circunstancias futuras 109
- Cómo realiza el Universo nuestros diversos deseos 110
- ¿En qué difiere la vida física de lo No Físico? 111
- ¿Que impide que se manifieste cada pensamiento indeseado? 112
- ¿Debo visualizar los medios de la manifestación? 112
- ¿Soy demasiado específico en mis deseos? 113
- ¿Puedo borrar cualquier idea desventajosa del pasado? 114
- ¿Cómo puede uno revertir una espiral en picada? 115
- ¿Qué ocurre cuando dos personas compiten por el mismo trofeo? 116
- Si puedo imaginarlo, es real 116
- ¿Es posible usar estos principios con fines "malévolos"? 117
- ¿Hay más poder en la cocreación grupal? 117
- ¿Qué ocurre cuando alguien no desea que yo tenga éxito en algo? 118
- ¿Cómo puedo usar mi flujo impulsor de crecimiento? 119

CUARTA PARTE: El *Arte de Permitir*™

* El *Arte de Permitir:* Definición.. 123
* ¿Debo protegerme de los pensamientos ajenos?......................... 124
* No somos vulnerables a las conductas ajenas 125
* Las reglas del juego de la vida.. 126
* Las experiencias de la vida, y no las palabras, son las que nos dan sabiduría.. 128
* En vez de supervisar mis pensamientos, sentiré mis emociones.. 129
* Cuando tolero a los demás, no estoy *Permitiendo*........................ 130
* ¿Estoy buscando soluciones u observando problemas? 131
* Ayudo a los demás a través del ejemplo de mi Bienestar 132
* La sutil diferencia entre *desear* y *necesitar*................................. 133
* Puedo crear deliberada, intencional y alegremente 133
* Estoy viviendo el *Arte de Permitir* 134
* ¿Cómo puedo diferenciar entre lo bueno y lo malo?................... 134
* Pero, ¿qué ocurre cuando observo a los demás haciendo algo malo? 135
* ¿Ignorar lo *indeseado* permite lo *deseado?* 136
* ¿Deseamos todos permitir la alegría? 138
* ¿Qué ocurre cuando los demás están viviendo experiencias negativas?.. 138
* Solo buscaré las cosas que deseo.. 139
* Un *discernidor selectivo* es un atrayente selectivo 140
* Nuestro pasado, presente y futuro como uno solo....................... 140
* ¿Debo permitir las injusticias de las cuales soy testigo?.............. 141
* Mi atención a lo *indeseado* crea más de lo *indeseado* 142
* ¿Afecta mi salud el *Arte de Permitir*? 142
* *Permitir*, desde la pobreza extrema hasta el Bienestar económico.. 143
* *Permitir*, relaciones y el arte del egoísmo 144
* ¿No es acaso el arte del egoísmo algo inmoral?........................... 144
* Lo que los demás desaprueban de mí es su carencia................... 145
* Pero, ¿qué ocurre cuando alguien viola el derecho ajeno? 146
* No hay escasez de nada... 147
* ¿Existe valor alguno en perder la vida propia?............................ 148

- Soy la culminación de muchas vidas pasadas 148
- ¿Por qué no recuerdo mis vidas pasadas? 149
- ¿Qué ocurre cuando la sexualidad se convierte en una experiencia violenta? 150
- ¿Cuál es mi *expectativa* respecto a este asunto? 151
- Estoy cimentando mi futuro ahora mismo 152
- Respecto al pequeño niño inocente 152
- ¿No deberían los demás cumplir sus compromisos conmigo?..... 153
- Nunca me equivocaré ni lo terminaré 155

QUINTA PARTE: *Intención por Segmentos*™

- El mágico proceso de la *Intención por Segmentos* 159
- Puedo usar la *Intención por Segmentos* para conseguir el éxito 160
- Esta época es la mejor de todas 161
- El propósito y el valor de la *Intención por Segmentos* 161
- Su sociedad ofrece mucha estimulación de pensamientos........... 163
- De la confusión a la claridad a la *Creación Deliberada* 164
- Dividir mis días en *Segmentos de Intenciones* 164
- Funciono y creo en muchos niveles 165
- Los pensamientos que tengo hoy cimientan mi futuro 166
- Puedo cimentar mi vida o vivir en la inconsciencia 167
- Lo que siento, atraigo 167
- ¿Qué es lo que quiero ahora? 168
- Un ejemplo de un día de *Intención por Segmentos* 169
- Para la *Intención por Segmentos*, lleva una libreta pequeña 171
- ¿Hay alguna meta que cumplir? 171
- ¿Puede la felicidad ser una meta lo suficientemente importante? 173
- ¿Cómo podemos reconocer que hemos crecido? 173
- ¿Cuál es una medida válida de nuestro éxito? 174
- ¿Puede la *Intención por Segmentos* acelerar nuestras manifestaciones? 174
- Los Procesos de Meditación, el Taller y la *Intención por Segmentos* 175

- ¿Cómo puedo comenzar a sentirme feliz conscientemente? 176
- Pero, ¿qué ocurre cuando las personas que me rodean son infelices? 177
- ¿Puedo usar la *Intención por segmentos* en casos de interrupciones imprevistas? 178
- ¿Puede la *Intención por Segmentos* expandir mi tiempo útil? 179
- ¿Por qué no está todo el mundo creando su vida a propósito? ... 179
- ¿Qué importancia tiene *desear* en nuestra experiencia? 180
- ¿Por qué la mayoría de la gente se conforma con tan poco? 181
- Háblanos de *Establecer Prioridades en Nuestras Intenciones* 182
- ¿Qué tan detalladas deben ser nuestras intenciones creativas? ... 184
- ¿Debo repetir con regularidad mis *Intenciones por Segmentos*? 184
- ¿Es posible que este proceso de *Intención por Segmentos* impida mis reacciones espontáneas? 185
- El delicado equilibrio entre la creencia y el deseo 185
- ¿Cuándo nos lleva a actuar esta *Intención por Segmentos*? 186
- ¿Cuál es el mejor curso de acción? 187
- ¿Cuánto debo esperar para que algo se manifieste? 187
- ¿Puedo usar la *Intención por Segmentos* para cocrear? 188
- ¿Cómo puedo transmitir con mayor precisión mis intenciones? .. 189
- ¿Es posible tener prosperidad sin trabajar por ella? 190
- Cuando llueven las ofertas de trabajo, ¡caen a cántaros! 191
- ¿Por qué a menudo después de una adopción, ocurre un embarazo? 191
- ¿Cómo va la competencia de acuerdo al plan de la Intención? ... 191
- ¿Sería provechoso fortalecer mi fuerza de voluntad? 192
- ¿Por qué la mayoría de los seres se detienen en su crecimiento? . 192
- ¿Cómo podemos evitar la influencia de antiguos hábitos y creencias? 194
- ¿Hay algún caso en que sea bueno decir lo que uno no desea? ... 194
- ¿Tiene algún valor investigar nuestros pensamientos negativos? . 195
- ¿Qué ocurre cuando los demás no consideran realistas mis deseos? 195
- ¿Cómo es posible "tenerlo todo en 60 días"? 196
- Ahora comprenden 196

Acerca de los autores 199

Prólogo

por Neale Donald Walsch,
autor de la serie de libros de mayor venta:
Conversaciones con Dios

Por fin. Aquí están. Ya no hay que buscar más. Deje todos los libros que tenga, retírese de todos los talleres y seminarios que esté tomando, y dígale a su terapeuta que ya no lo necesita, porque aquí está todo lo que necesita saber sobre la vida, y sobre cómo hacer para que todo funcione.

Aquí están todas las reglas del camino de este extraordinario sendero. Todas las herramientas para crear las experiencias que siempre ha deseado. No tiene que ir más lejos, ya está donde tiene que estar.

De hecho, observe lo que ya ha logrado hasta ahora. *Solamente observe.*

Quiero decir, *ahora mismo*, mire lo que tiene en sus manos.

Usted lo creó. Usted puso este libro ahí, exacto en el lugar en donde se encuentra, justo al frente de sus ojos. Usted lo manifestó de la nada. Tan solo eso es toda la evidencia que necesita para saber con certeza que *este libro funciona.*

¿Lo comprende? No, no, no evada el tema. De verdad, es importante que escuche. Le estoy diciendo que tiene en sus manos la mejor prueba posible de que la *Ley de Atracción* es real, es efectiva, y produce *resultados físicos en el mundo real.*

Permítame explicarlo.

En algún lugar de las profundidades de su conciencia, en algún lugar importante de su mente, usted programó la intención de recibir este mensaje, pues si no hubiera sido así, este libro jamás habría llegado a sus manos.

Esto no es una trivialidad. Esto es algo fantástico. Créame, es algo maravilloso. Porque *usted está a punto de crear exactamente lo que su intención desea crear:* un cambio radical en su vida.

Esa *fue* su intención, ¿no es así? Por supuesto que sí. Lo que está ocurriendo mientras lee estas palabras, no habría sucedido si no hubiera puesto su atención en un deseo profundo de elevar sus experiencias diarias a un nuevo nivel. Hace mucho tiempo que usted deseaba esto. Su única pregunta ha sido: *¿Cómo hacerlo? ¿Cuáles son las reglas? ¿Cuáles son las herramientas?*

Y bien, aquí están. Usted las pidió y aquí las tiene. Y, por cierto, esta es la primera regla: usted recibe lo que pide. No obstante, es mucho más que esto, ¡mucho más! Y es lo más extraordinario de todo. Aquí no solamente va a encontrar algunas herramientas bastante asombrosas, sino, además, *las instrucciones para usarlas.*

¿Alguna vez deseó que la vida viniera con un manual de instrucciones?

Pues bien, excelente deseo. Ahora es así.

Y tenemos que agradecérselo a Esther y Jerry Hicks. Por supuesto, también a Abraham. (Ellos le explicarán quién es *ése* ser en el interesante y fascinante texto que viene a continuación.) Esther y Jerry han dedicado sus vidas a la felicidad de compartir los extraordinarios mensajes que Abraham les ha transmitido. Los admiro y los amo muchísimo por esta razón; y, además, estoy muy agradecido con ellos, porque son personas verdaderamente excepcionales en una misión gloriosa de exaltar la tarea en la cual *todos* nos hemos embarcado: vivir y experimentar la gloria de la Vida misma, y de Todo Lo Que Verdaderamente Somos.

Sé que quedará impactado y se sentirá bendecido por lo que encontrará aquí. Sé que leer este libro marcará un hito en su vida. Aquí encontrará, no solamente una descripción de las leyes más importantes del Universo (las únicas que en verdad debe saber) sino, también una explicación fácil de comprender de los *mecanismos de la vida.* Esta es una información impresionante. Son datos de un enorme calibre. Es sabiduría absoluta y reveladora.

Hay muy pocos libros de los cuales yo diría lo siguiente: *Lea cada una de sus palabras y aplíquelas tal cual.* Responde todas las preguntas que usted se ha formulado seriamente en su corazón. Entonces, si me permite ser totalmente directo, ponga atención.

Este libro trata de *cómo* poner atención y, si usted pone atención a cómo debe poner atención, cada una de sus intenciones puede manifestarse en su realidad, y eso cambiará su vida para siempre.

❧❧❧ ❦❦❦

Prefacio

por Jerry Hicks

La revolucionaria filosofía de espiritualidad práctica que usted está a punto de descubrir en este libro, nos fue revelada a Esther y a mí en 1986, como respuesta a la larga lista de preguntas que yo me había formulado, por muchos años, sin recibir respuesta alguna.

En estas páginas, encontrará los conceptos básicos de las *Enseñanzas de Abraham*™ tal como fueron transmitidos oralmente y con todo su amor en los primeros días de nuestras interacciones con ellos (por favor, tenga en cuenta que el nombre en singular de "Abraham" es un *grupo* de entidades amorosas, razón por la cual ellos se refieren en plural a ellos mismos).

Las grabaciones de las cuales llegó a evolucionar este libro fueron publicadas en 1988, como parte de un álbum de diez cintas de audio denominadas los diez *Temas Especiales*. Pero desde esa época, muchos aspectos de las enseñanzas básicas de Abraham respecto a la *Ley de Atracción Universal* han sido publicados en una variedad de libros, discos compactos, discos de video digitales, juegos de cartas, calendarios, artículos, programas de radio y televisión, talleres, así como por muchos de los autores de libros de mayor venta que han incorporado las enseñanzas de Abraham en las suyas propias. Sin embargo, nunca antes de este libro, *La Ley de Atracción*, habían sido publicadas las enseñanzas originales en su totalidad, en un solo volumen.

(Si desea escuchar algunas de las grabaciones originales de las series, puede descargar gratis la *Introducción a Abraham* de una duración de 70 minutos, en nuestra página de internet a: **www. abraham-hicks.com.**)

Este libro fue creado al transcribir nuestro juego original de cinco discos compactos llamado: *"Conceptos básicos de Abraham"*. Luego le pedimos a Abraham que los editara ligeramente para mejorar la facilidad de lectura de la palabra hablada. Abraham también añadió algunos pasajes nuevos en aras de incrementar la claridad y la continuidad.

Millones de lectores, audioyentes y espectadores han disfrutado del valor de estas enseñanzas. Y Esther y yo nos sentimos fascinados de ofrecerle ahora los conceptos básicos de Abraham, en este formato de la *Ley de Atracción*.

Pero, ¿cómo compararíamos este libro con el otro libro de Abraham, *Pedid que ya se os ha dado?* Pues bien, considere *La Ley de Atracción* como el texto básico del cual todos las demás enseñanzas han surgido. Y considere, *Pedid que ya se os ha dado,* como el volumen más amplio de los primeros 20 años de enseñanzas de Abraham.

Volver a revisar este material capaz de transformar vidas, con el fin de preparar la publicación de este libro, ha sido una maravillosa experiencia para Esther y para mí, puesto que así hemos recordado estas sencillas y básicas *Leyes* que, efectivamente, Abraham nos había explicado hace tantos años.

Desde que recibimos originalmente este material, Esther y yo hemos hecho lo máximo para aplicar en nuestras vidas lo que hemos aprendido sobre estas *Leyes*, y ha sido sorprendente el maravilloso progreso en nuestras fascinantes vidas. Seguimos al pie de la letra las enseñanzas de Abraham, porque todo lo que ellos nos decían tenía mucho sentido, pero la aplicación de esas enseñanzas es comprobada ahora en el diario vivir. Y, con una inmensa alegría podemos decirles que, a partir de nuestra experiencia personal, *¡Esto sí funciona!*

છ⁀ છ⁀ છ⁀ ૢ≈ ૢ≈ ૢ≈

(**Nota del editor:** Por favor, tenga en cuenta que como no existen siempre las palabras físicas adecuadas en el idioma inglés para expresar a la perfección los pensamientos no físicos que Esther recibe, ella a veces forma nuevas combinaciones de palabras, y también usa palabras estándares de manera distinta (como, por ejemplo, usar mayúsculas o cursivas en palabras que normalmente no las llevarían), con el fin de expresar nuevas formas de observar la vida.)

PRIMERA PARTE

Nuestro **sendero** hacia la **experiencia** con **Abraham**

Introducción

por Jerry Hicks

H emos escrito este libro para presentarle las *Leyes universales* y los procesos prácticos que lo guiarán con claridad
y precisión hacia la realización de su estado natural del
Bienestar. Con la lectura de este libro, usted vivirá la original y
fructífera experiencia de escuchar respuestas precisas y poderosas a
las preguntas que ha acumulado en toda su vida. Y el uso aplicado
de esta filosofía de espiritualidad práctica basada en la alegría, también le ayudará a guiar a los demás a vivir lo que ellos consideran
que es una vida perfecta.

Muchas personas me han dicho que mis preguntas han sido,
de muchas maneras, un reflejo de las suyas. Y así es, mientras usted
experimenta la claridad y la lucidez de las respuestas de Abraham,
no solamente es probable que comience a sentir una verdadera
satisfacción al ser respondidas sus preguntas de toda una vida, sino
que también descubrirá, tal como nosotros (Esther y yo), un nuevo
entusiasmo por su propia vida. Y cuando comience a aplicar los
procesos prácticos aquí ofrecidos, desde su nueva visión, descubrirá que puede crear deliberadamente lo que sea que desee hacer,
ser o tener.

Pareciera como que en mi vida, desde mi recuerdo más lejano,
he formulado siempre una corriente de preguntas en apariencia

infinitas, a las cuales nunca había podido encontrar las respuestas satisfactorias, puesto que deseaba con ardor descubrir una filosofía de vida, que estuviera basada en la verdad absoluta. Pero, una vez que Abraham llegó a nuestra experiencia, revelándonos a Esther y a mí sus explicaciones de las poderosas *Leyes* del Universo, así como los efectivos procesos que nos ayudaron a transmutar la ideología y la teoría en resultados prácticos, llegué a comprender que la corriente constante de libros, maestros y experiencias *vividas* a lo largo de mi vida, fueron los pasos ideales para llegar a descubrir a Abraham.

Me gusta pensar en la oportunidad que usted tiene ahora al leer este libro: descubrir por sí mismo el valor de lo que Abraham ofrece, porque sé cuánto han mejorado nuestras vidas a raíz de estas enseñanzas. También estoy consciente de que usted no tendría este libro en sus manos, si su experiencia de vida no lo hubiera preparado (como lo ha hecho en mi vida) para recibir esta información.

Siento un gran entusiasmo ante la idea de que se sumerja de lleno en este libro, para descubrir las sencillas y poderosas *Leyes*, y los procesos prácticos que Abraham ofrece, para que pueda comenzar a atraer *deliberadamente* en *su* experiencia todo lo que *usted* desea, y así pueda liberar a la vez todo lo que no desee de su vida.

Una corriente constante de grupos religiosos

Mis padres no eran religiosos, por eso no comprendo verdaderamente por qué era que yo sentía una inclinación tan vehemente de encontrar una iglesia e involucrarme en las normas de su religión, pero era como una poderosa fuerza interna, que me impulsaba a hacerlo mientras crecía. Quizá era un intento de llenar el vacío que sentía en mi interior; o quizá era porque tantos otros demostraban su fervor religioso y su certidumbre de haber descubierto la *verdad*.

Durante mis primeros catorce años, viví en 18 casas en seis estados distintos y, como tal, tuve la oportunidad de evaluar un amplio rango de filosofías. El caso es que me dediqué sistemáticamente a cada una de esas iglesias, esperando siempre con todo mi corazón, que tras *esas* puertas encontraría lo que estaba buscando. Pero al cambiar de una religión o grupo filosófico a otro, crecía mi desilusión al ver que ellos reclamaban *su* rectitud, declarando a todos los demás *equivocados*. Y en ese ambiente, mientras mi corazón se hundía cada vez más, supe que no había encontrado las respuestas que buscaba. (Fue solamente después de descubrir las enseñanzas de Abraham, que he llegado a comprender y a dejar de sentir emociones negativas hacia esas aparentes contradicciones filosóficas.) Aún así, mi búsqueda de respuestas continuó.

Una tabla de ouija deletrea el alfabeto

Aunque jamás había tenido una experiencia personal con una ouija, tenía una opinión muy negativa al respecto. Creía que era, en el mejor de los casos, un juego y, en el peor, un engaño. Por esa razón, cuando en el año 1959, unos amigos en Spokane, Washington, me ofrecieron la idea de jugar con una ouija, de inmediato la deseché como ridícula. Pero ante la insistencia de mis amigos, y cuando después tuve mi primera experiencia con ella, pude convencerme de que en verdad estaba ocurriendo un fenómeno.

Por lo tanto, puesto que seguía buscando respuestas a mis preguntas de toda la vida, le pregunté a la tabla: "¿Cómo puedo volverme verdaderamente bueno?" Primero, y a una velocidad sorprendente, deletreó el alfabeto, y luego señaló la palabra L-E-E.

"¿Leer qué?" pregunté. Señaló L-I-B-R-O-S. Cuando le pregunté "¿Qué libros?" deletreó (de nuevo a la velocidad increíble de la primera vez): C U A L Q U I E R A Y T O D O S L O S D E A L B E R T S C H W E I T Z E R. Mis amigos no habían escuchado hablar de Albert Schweitzer y, aunque yo sabía muy poco sobre él, digamos, que sentí que me picaba la curiosidad, y decidí investigar un poco sobre este hombre que había sido atraído a mi conciencia de una forma tan extraordinaria.

En la primera biblioteca que pude conseguir, descubrí una gran selección de libros escritos por Albert Schweitzer, y los leí todos sistemáticamente. Y, aunque no puedo decir que descubrí alguna respuesta específica a mi larga lista de preguntas, el libro de Schweitzer titulado, *El secreto histórico de la vida de Jesús,* abrió mi mente en especial a la idea de que hay más formas de ver las cosas de las que yo había estado dispuesto a considerar.

Mi entusiasmo por lo que estaba esperando que fuera una ventana a la poderosa iluminación, y a la respuesta a todas mis preguntas, cedió hasta convertirse finalmente en frustración, al darme cuenta que seguía sin encontrar en la ouija, ni la poderosa iluminación ni la respuesta a todas mis preguntas, pero sí despertó en mí la comprensión de que había algún tipo de medio inteligente de comunicación disponible, el cual jamás había creído posible antes de haberlo experimentado por mí mismo.

La ouija nunca funcionaba para mí cuando trataba de usarla yo solo, pero la usé como diversión cientos de veces con otras personas durante mis viajes, y llegué a conocer tres personas que tuvieron éxito con ella. Con unos amigos en Portland, Oregon (para quienes la ouija *sí* funcionó), "hablamos" cientos de horas con lo que pensamos eran Seres no físicos. ¡Conversamos con un divertido desfile de piratas, sacerdotes, políticos y rabinos! Era más como el tipo de conversaciones fascinantes en las cuales uno puede involucrarse en una fiesta, con individuos que nos ofrecían toda una variedad de temas, actitudes e intelectos.

Tengo que confesar que no aprendí nada valioso de la ouija, nada que pudiera usar en mi propia vida, ni que quisiera enseñarle a los demás, entonces, un día salí de ella, y eso marcó el fin de mi temporada de interés y actividad en la ouija. Sin embargo, esta notable experiencia, especialmente con ese Ser Inteligente que me había animado a leer algunos libros, no solamente despertó en mí una conciencia de que existe mucho más "allá afuera" de lo que comprendía en ese momento, sino que, además, provocó en mí un deseo aún más poderoso de encontrar respuestas. Llegué a creer que era posible tener acceso a una Inteligencia que tuviera prácticamente todas las respuestas sobre la forma en que funciona el Universo, por qué estamos todos aquí, cómo podemos llevar una vida más feliz y cómo podemos realizar la razón de nuestra existencia.

Piense y hágase rico

Quizá la primera experiencia de haber encontrado respuestas prácticas a mi creciente lista de preguntas, me llegó al descubrir un fascinante libro mientras daba conciertos en una serie de colegios y universidades en 1965. El libro reposaba sobre la mesa de la recepción de un hotelito en algún lugar de Montana, y recuerdo haber sentido que en mi interior se formulaba una contradicción mientras sostenía el libro en mis manos y leía el título: *Piense y hágase rico* de Napoleon Hill.

Este título me parecía desagradable, porque, como a muchas otras personas, me habían enseñado a reforzar mi impresión negativa hacia los ricos, como una justificación de mi propia falta de recursos de fácil adquisición. No obstante, había algo irresistiblemente fascinante en ese libro. Después de leer solamente doce páginas, se me puso la piel de gallina en todo mi cuerpo y sentí un hormigueo a lo largo de toda mi columna.

Ahora hemos llegado a comprender que estas sensaciones físicas, viscerales, son la evidencia que confirma que estamos en el sendero hacia algo de un gran valor. Aunque, en ese entonces, sentí que ese libro despertaba en mi interior la sabiduría de que los pensamientos son importantes, y de que mi vida reflejaba de alguna manera el contenido de mis pensamientos. El libro era imponente e interesante, e inspiró en mi interior el deseo de tratar de seguir las sugerencias en él ofrecidas, y así lo hice.

Usar sus enseñanzas funcionó tan bien para mí, de hecho, que en un corto periodo de tiempo, fui capaz de emprender un negocio multinacional, dándome la oportunidad de tocar las vidas de miles de personas de forma significativa. Comencé a enseñar los principios que estaba aprendiendo. Pero, aunque yo había recibido personalmente un valor increíble del transformador libro de Napoleon Hill, muchas de las vidas de las personas a las cuales les enseñaba, no mejoraban de forma tan dramática como la mía, sin importar la cantidad de cursos que tomaran. Esto me condujo a seguir en mi búsqueda de respuestas más específicas.

Seth habla sobre crear su propia realidad

A pesar de que seguía persistiendo en mi eterna búsqueda de respuestas significativas a mis preguntas y de que mi deseo de encontrar la forma de ayudar a los demás a cumplir sus metas de forma más efectiva era cada vez mayor, me distraje temporalmente de todo eso por la nueva vida que Esther y yo estábamos llevando juntos en Fénix, Arizona. Nos habíamos casado en 1980 después de habernos tratado por varios años, y descubrimos que éramos inexplicablemente compatibles. Vivíamos en la alegría, día tras día, explorando nuestra nueva ciudad, construyendo nuestro nuevo hogar y descubriendo nuestra vida juntos. Y aunque Esther no compartía exactamente mi sed de conocimiento o mi apetito por respuestas, se sentía emocionada ante la vida, siempre estaba feliz y era muy agradable estar con ella.

Un día, mientras estábamos compartiendo unos momentos en una biblioteca, me topé con un libro titulado *Seth habla* por Jane Roberts, y me pareció que antes de tomar el libro del estante ya estaba sintiendo que se me ponía de nuevo la piel de gallina por todo mi cuerpo y me cubría de esa sensación de hormigueo. Pasé las hojas del libro, preguntándome cuál podría ser su contenido para que causara el efecto de mi respuesta emocional.

Durante el tiempo que Esther y yo habíamos estado juntos, había descubierto solamente un punto álgido entre nosotros. Ella no quería escuchar ni hablar de mis experiencias con la ouija. Cada vez que me lanzaba (en lo que yo consideraba) un recuento extremadamente divertido, Esther salía de la sala. A ella le habían enseñado en su infancia a temer profundamente todo lo relacionado con lo no físico, y como no quería molestarla, dejé de contar mis historias, por lo menos, en su presencia. Por esa razón, no me sorprendió que ella no quisiera saber nada del libro *Seth habla*...

La autora, Jane Roberts, entraba en una especie de trance y permitía que Seth, una personalidad no física, hablara a través de ella para dictarle una serie de libros de gran influencia, llamados los libros de *Seth*. Las obras me parecieron motivadoras y fascinantes, y comencé a encontrar una posibilidad de encontrar respuestas a mi larga lista de preguntas. Pero, Esther tenía miedo de ese libro. Su molestia surgió de inmediato, tan pronto se enteró de la manera en que el libro había sido escrito, y se agravó intensamente cuando vio la extraña fotografía en la contraportada del libro de Jane, en trance, hablando por Seth.

"Puedes leer el libro si quieres", me dijo Esther, "pero, por favor, no lo traigas a nuestra habitación."

Siempre he creído en juzgar el árbol por sus frutos, por esa razón, todo lo que considero, lo hago desde el punto de vista de cómo me siento *yo* al respecto... y mucho del material de Seth me hacía sentir muy bien. Entonces, no me parecía importante de *dónde* venía ni *cómo* era presentado, sencillamente sentía que había encontrado información valiosa que *yo* podía usar, y que podía pasársela a las personas a quienes pensaba que podría serle útil. ¡Estaba emocionado!

MIS MIEDOS SE DESPEJARON

por Esther Hicks

Pensé que Jerry estaba actuando de manera sabia y amable al no querer forzarme a leer los libros de *Seth*, porque yo, en verdad, sentía una gran aversión hacia ellos. La mera idea de que una persona entrara en contacto con un Ser no físico me hacia sentir extremadamente incómoda, por esa razón, como Jerry no quería molestarme, se levantaba temprano en las mañanas y, mientras yo dormía, él leía los libros solo. Con el paso del tiempo, cuando encontraba algo que fuera de interés particular para él, lo involucraba con sutileza en nuestras conversaciones, y en mi estado de menor resistencia, pude escuchar con frecuencia el valor de la idea. Poquito a poco, Jerry me fue presentando unos y otros conceptos, hasta que comencé a sentir verdadero interés en esas fascinantes obras. Eventualmente, se convirtió en nuestro ritual mañanero. Nos sentábamos y Jerry me leía los libros de *Seth*.

Mis miedos no se basaban en ninguna experiencia personal negativa, mas sí en los rumores que había escuchado, probablemente de otras personas que a su vez habían escuchado rumores de otros. Al mirar hacia atrás, ahora me parece sumamente ilógico que yo haya tenido esos miedos. En todo caso, viví un cambio real de actitud una vez que comprendí que en lo que respectaba a mi experiencia personal... me sentía muy bien con todo eso.

Al pasar el tiempo, y cuando se disolvieron mis miedos sobre el proceso de Jane de recibir la información, comencé a sentir un aprecio enorme por esos libros maravillosos. De hecho, estábamos tan alegremente involucrados en lo que leíamos, que pensamos en viajar a Nueva York para conocer a Jane y a su esposo Robert, ¡e incluso a Seth! Cómo habría avanzado yo, que hasta quería conocer a este Ser No Físico. Pero el número de teléfono de los autores no era público, entonces no sabíamos cómo lograr hacer una cita.

Un día, mientras almorzábamos en un pequeño café cerca de una librería en Scottsdale, Arizona, Jerry estaba hojeando un nuevo libro que acababa de comprar, cuando un extraño que estaba sentado cerca de nosotros, nos preguntó: "¿Han leído alguno de los libros de *Seth*?"

Apenas si podíamos creer lo que escuchamos, porque no le habíamos dicho absolutamente a nadie que estábamos leyendo esos libros. Luego, el hombre preguntó: "¿Sabían que Jane Roberts está muerta?"

Recuerdo que mis ojos se llenaron de lágrimas ante el impacto de la noticia. Era casi como si alguien me hubiera dicho que mi hermana había muerto y yo no lo supiera. Nos sentimos muy desilusionados, cuando comprendimos que no era posible para nosotros llegar a conocer a Jane y a Rob... ni a Seth.

Sheila "canaliza" a Theo

Uno o dos días después de escuchar sobre la muerte de Jane, nuestros amigos y socios, Nancy y su esposo Wes, vinieron a cenar con nosotros. "Tenemos una cinta que nos gustaría que ustedes escucharan," dijo Nancy, poniendo una cinta de audio en mis manos. La conducta de nuestros amigos parecía un poco extraña; había algo raro al respecto. De hecho, sentí lo mismo que había sentido cuando Jerry descubrió los libros de *Seth*. Era como si ellos tuvieran un secreto que deseaban compartir, pero les preocupaba la manera en que respondiéramos una vez que *fuera* compartido.

–¿Qué es esto?—preguntamos.

–Es canalizado,—susurró Nancy.

No creo que ni Jerry ni yo habíamos escuchado la palabra *canalizado* en ese sentido.

–¿Cómo así 'canalizado'?—pregunté.

Mientras Nancy y Wes nos ofrecían su breve y un poco incoherente explicación, tanto Jerry como yo comprendimos que estaban describiendo el mismo proceso por el cual se habían escrito los libros de *Seth*.

–Su nombre es Sheila, –continuaron–, y ella habla por una entidad llamada Theo. Viene a Fénix, y pueden pedir una cita con ella si lo desean.

Decidimos pedir una cita, y todavía puedo recordar lo emocionados que estábamos. Nos encontramos en una hermosa casa en Fénix (diseñada al estilo de Frank Lloyd Wright). La luz del día entraba por todas partes, y para mi alivio, no ocurría nada fantasmagórico. Todo era muy cómodo y agradable. Mientras nos sentamos y le hicimos "visita" a Theo (bueno, debería decir, mientras *Jerry* visitaba a Theo: no recuerdo haber dicho ni una palabra durante esa cita), ¡yo estaba totalmente maravillada!

Jerry tenía una libreta llena de preguntas, algunas de ellas recopiladas desde que tenía seis años. Estaba emocionado de formular pregunta tras pregunta, algunas veces interrumpiendo en medio de una respuesta para formular otra antes de que se acabara nuestra cita. La media hora pasó muy rápidamente y ¡nos sentíamos de maravilla!

–¿Podemos regresar mañana?, –pregunté, porque ahora *yo* estaba desarrollando una serie de preguntas que quería formularle a Theo.

¿Debo meditar?

Cuando regresamos al día siguiente, le pregunté a Theo (a través de Sheila) qué podíamos hacer para acelerar la realización de nuestras metas. Theo dijo: *Afirmaciones*, y luego me dio una maravillosa: *Yo, Esther Hicks, veo y atraigo, a través del Amor Divino, los Seres que buscan la iluminación a través de mis procesos. Compartir esto, nos elevará a los dos ahora.*

Jerry y yo conocíamos las afirmaciones, ya las estábamos usando. Luego le pregunté: –¿Qué otra cosa?–Theo respondió–: *Meditar.* Pues, en verdad no conocía a nadie que meditara, pero la idea de hacerlo me parecía extraña. Era algo que no me veía haciendo. Jerry dijo que él lo asociaba con personas que veían lo malas que sus vidas podrían llegar a ser, todo el dolor y la pobreza que podían soportar, y aun así seguir existiendo. Para mí, la meditación pertenecía a la misma rara categoría de caminar sobre carbones ardientes o acostarse sobre una cama de clavos, o pararse todo el día en un solo pie, con la mano levantada pidiendo donaciones.

Pero, luego le pregunté a Theo–: ¿Qué quieres decir con 'meditar'?

Theo respondió–: *Durante 15 minutos al día, siéntate en una habitación en silencio, usando ropa cómoda y enfocándote en la respiración. Y cuando tu mente comience a divagar, simplemente libera esos pensamientos y enfócate de nuevo en la respiración.* Pensé: *En realidad eso no suena como algo tan raro.*

Pregunté si podíamos traer a nuestra hija Tracy de 14 años para que conociera a Theo, y la respuesta fue–: *si ella lo pide, sí, pero no es necesario, porque ustedes también son canales.* Recuerdo lo inaudito que me pareció, para ese entonces, que nosotros no hubiéramos ya sabido algo tan raro como que éramos canales, con lo importante que era. Y en ese momento, se terminó la cinta de audio, indicándonos que una vez más, nuestro tiempo se había terminado.

No podía creer lo rápido que el tiempo pasaba. Y mientras miraba mi lista de preguntas todavía sin respuesta, Stevie, el amigo de Sheila que se encargaba de la grabación de las cintas de audio y tomaba notas durante nuestras conversaciones con Theo, quizá notando mi asomo de frustración, me preguntó–: ¿Tiene alguna otra pregunta? ¿Le gustaría conocer el nombre de *su* guía espiritual?

Esa no era una pregunta que se me habría ocurrido, puesto que jamás había escuchado el término *guía espiritual.* Pero me gustaba como sonaba la pregunta y dije–: Sí, ¿quién es mi guía espiritual?

Theo dijo–: *Nos dicen que les será dicho a ustedes directamente. Tendrán una experiencia clariauditiva y lo sabrán.*

Dejamos esa hermosa casa ese día sintiéndonos mejor que

nunca antes. Theo nos había animado a meditar juntos. *Porque son compatibles, será más poderoso.* Y entonces, siguiendo las sugerencias de Theo, nos fuimos directamente a casa, nos pusimos nuestras batas (la ropa más cómoda que teníamos), cerramos las cortinas de la sala y nos sentamos con la intención de meditar (fuera lo que fuera que eso significara). Recuerdo haber pensado: *voy a meditar todos los días durante quince minutos, y voy a averiguar el nombre de mi guía espiritual.* Jerry y no nos sentíamos raros haciendo juntos algo tan extraño, entonces nos sentamos en unas sillas con un gran espaldar, con un estante entre los dos para no vernos mientras lo hacíamos.

Algo comenzó a "respirarme"

Las instrucciones de Theo sobre el proceso de meditación habían sido muy breves: *cada día durante quince minutos, sentarnos en una habitación en silencio, usar ropa cómoda y enfocarnos en la respiración. Cuando la mente divague, y lo hará, debíamos liberar el pensamiento y enfocarnos de nuevo en la respiración.*

Decidimos programar un cronómetro por quince minutos y me relajé en mi cómoda silla enfocándome en mi respiración. Comencé a contar mis inhalaciones y exhalaciones. Casi de inmediato, comencé a sentir como que me adormecía. Era una sensación agradable en sobremanera. Me gustó.

El cronómetro se activó y me dejó perpleja. Al recobrar conciencia de la presencia de Jerry en la sala, exclamé–: ¡Hagámoslo de nuevo! Programamos el cronómetro por otros quince minutos y de nuevo tuve la sensación maravillosa de desapego, de adormecimiento. Esta vez no podía sentir la silla en donde estaba sentada. Era como si estuviera suspendida en la sala y no hubiera nada más.

Entonces, programamos el cronómetro por otros quince minutos, de nuevo tuve la agradable sensación de desapego, y luego tuve la increíble sensación de que algo me "respiraba." Era como si algo poderoso y amoroso estuviera respirando el aire en mis pulmones y luego exhalándolo de nuevo. Ahora sé que ese fue mi primer contacto con Abraham. Era algo más amoroso de lo que jamás había experimentado antes y estaba fluyendo por todo mi cuerpo. Jerry dijo que cuando él había percibido la diferencia en el ritmo de mi respiración, había mirado a la vuelta del estante y le parecía que yo estaba en un estado de éxtasis.

Cuando el cronómetro sonó y comencé a recuperar la conciencia de lo que me rodeaba, tuve la sensación de que una Energía se movía a través de mí como nunca antes la había sentido. Fue la experiencia más extraordinaria de toda mi vida, y mis dientes zumbaron (no castañearon) durante varios minutos.

Una impresionante secuencia de eventos había dado paso a éste, todavía increíble, encuentro con Abraham: miedos irracionales que había llevado conmigo toda mi vida, los cuales no tenían fundamentos reales en mi propia experiencia se habían disuelto, y habían sido reemplazados con un encuentro amoroso y personal con la *Energía de la Fuente*. Nunca había leído nada que me hubiera podido proporcionar una comprensión real de lo que Dios era o de quién era Él, pero sabía que lo que acababa de experimentar sería probablemente eso.

Mi nariz deletrea el alfabeto

Debido a la experiencia poderosa y emotiva de nuestro primer intento, tomamos la decisión de meditar todos los días durante quince o veinte minutos. Y así lo hicimos. Durante unos nueve meses, Jerry y yo nos sentábamos en nuestras cómodas sillas con cómodos respaldares, respirando en silencio y sintiendo el Bienestar. Y así, justo antes del día de Acción de Gracias de 1985, durante una meditación, sentí algo nuevo. Mi cabeza comenzó a moverse con suavidad. Era una sensación muy placentera, en mi estado de desapego, sentir ese movimiento sutil. Era casi como si estuviera volando.

En realidad no pensé que fuera nada especial, excepto que sabía que no era *yo* quien lo estaba haciendo, y que era una experiencia en extremo agradable. Mi cabeza estuvo moviéndose así por dos o tres días mientras meditábamos, y el tercer día o algo así, me di cuenta de que mi cabeza no estaba moviéndose al azar, en realidad estaba deletreando con mi nariz como si estuviera tratando de escribir en un tablero. Exclamé sorprendida: Jerry, ¡estoy deletreando el alfabeto con mi nariz!

Con la comprensión consciente de que algo increíble estaba ocurriendo, y que alguien estaba tratando de comunicarse conmigo, olas electrizantes comenzaron a moverse por mi cuerpo. Nunca, antes de ese momento ni después, he experimentado la intensidad de esas sensaciones tan maravillosamente electrizantes recorriendo todo mi cuerpo. Y luego deletreé: *Soy Abraham. Soy tu guía espiritual. Te amo. Estoy aquí para trabajar contigo.*

Jerry tomó su cuaderno y comenzó a registrar todo lo que yo estaba traduciendo con torpeza por medio de mi nariz. Letra por letra, Abraham comenzó a responder a las preguntas de Jerry, algunas veces durante horas. ¡Estábamos extremadamente emocionados de haber hecho contacto con Abraham de esa manera!

Abraham comienza a teclear el alfabeto

Era un medio de comunicación lento y torpe, pero Jerry estaba recibiendo respuestas a sus preguntas, y la experiencia era absolutamente interesante para ambos. Entonces, durante unos dos meses, Jerry hizo preguntas, Abraham las respondía deletreando palabras al guiar los movimientos de mi nariz y Jerry lo escribía todo. Luego, una noche estábamos en cama y mi mano comenzó a dar suaves golpecitos en el pecho de Jerry. Me sorprendió y le expliqué–: No soy yo. Deben ser ellos. Después sentí un deseo inmenso de teclear.

Fui a donde estaba mi máquina de escribir y puse las manos sobre el teclado y, de la misma forma en que mi cabeza se había movido de forma involuntaria para deletrear en el aire con mi nariz, mis manos comenzaron a moverse por el teclado de mi máquina de escribir. Se movían con tanta rapidez y tal poder que estaba alarmando a Jerry. Se quedó a mi lado listo para tomarme las manos si fuera necesario, porque no quería que me dolieran los dedos. Dijo que se movían tan rápido que apenas si podía verlos.

Pero no había nada de qué alarmarse.

Mis dedos tocaron todas las teclas, muchas, muchas veces, antes de comenzar a deletrear el alfabeto, y luego procedieron a escribir casi una página de: q u i e r o t e c l e a r q u i e r o t e c l e a r q u i e r o t e c l e a r, sin mayúsculas ni espacios entre las palabras. Luego mis dedos comenzaron a teclear un mensaje, despacio y metódicamente, pidiéndome que fuera a la máquina de escribir todos los días durante quince minutos. Y esa fue la manera en que nos comunicamos durante los siguientes dos meses.

La mecanógrafa se convierte en oradora

Un día estábamos conduciendo por la autopista en nuestro pequeño Cadillac Seville, y a ambos lados de nosotros había camiones de 18 llantas con sus remolques. Esta sección de la autopista no parecía haber sido bien diseñada en su inclinación, y los tres tuvimos que dar una curva muy cerrada al tiempo, mientras que los dos camiones parecía querer cruzarse hacia nuestro carril. Nos parecía que íbamos a quedar exprimidos entre esos dos gigantescos vehículos. En medio de esa intensidad de nervios, Abraham comenzó a hablar. Sentí mi mandíbula apretada (no muy distinto a la sensación de querer bostezar), y luego mi boca comenzó a hablar involuntariamente diciendo estas palabras: *Toma la siguiente salida*. Y lo hicimos. Nos estacionamos debajo de la rampa de la salida, y Jerry habló con Abraham muchas horas ese día. ¡Fue muy apasionante!

A pesar de que cada día me sentía más cómoda mientras evolucionaba el proceso de traducción de Abraham, le pedí a Jerry que mantuviéramos todo en secreto, porque temía la reacción de los demás si se enteraban de lo que me estaba pasando. Con el tiempo, sin embargo, comenzamos a reunirnos con un grupo de amigos cercanos para dialogar con Abraham, y fue aproximadamente un año más tarde que decidimos extender estas enseñanzas al público, lo cual seguimos haciendo.

La evolución de mi experiencia de traducir la vibración de Abraham continúa cada día. Cada seminario nos deja a Jerry y a mí con una sensación sorprendente de la claridad, la sabiduría y el amor (de Abraham).

Un día me reí muchísimo al pensar que "yo tenía demasiado miedo de la idea de la ouija, y ahora *era* una."

La deliciosa experiencia de Abraham evoluciona

Nunca podemos encontrar las palabras adecuadas para expresar lo que sentimos respecto a este trabajo con Abraham. Parece como si Jerry siempre hubiera sabido lo que quería con todas sus fuerzas, y había encontrado las maneras de lograrlo mucho antes de encontrar a Abraham. Pero, lo que él ha dicho es que Abraham atrajo hacia él la comprensión de la conciencia de nuestro propósito aquí, y una claridad absoluta de *cómo* obtener o no obtener algo, y con eso, la sabiduría de que tenemos el control absoluto. No hay malas "rachas," ni días "de mala suerte", ni hay necesidad de dejarnos llevar por las corrientes ajenas. Además, somos libres... somos los creadores absolutos de nuestra experiencia, ¡y eso nos encanta!

Abraham nos ha explicado que mi esposo y yo éramos la combinación perfecta para que nos presentaran estas enseñanzas, debido a que el deseo tan intenso de Jerry de encontrar respuestas a sus preguntas, atrajo a Abraham hacia nosotros, y, además, yo era capaz de aquietar mi mente y liberar la resistencia para permitir que las respuestas llegaran.

Me toma muy poco tiempo permitir que Abraham comience a hablar a través de mí. Desde mi punto de vista, lo único que hago es declarar mi intención: *Abraham, deseo hablar tus palabras con claridad,* y luego me enfoco en mi respiración. En segundos, puedo sentir la claridad, el amor y el poder de Abraham brotando en mí, y ahí arrancamos...

Conversando con Abraham

por Jerry Hicks

Esta aventura con Abraham sigue siendo muy emocionante para mí. He descubierto una fuente ilimitada de respuestas a las preguntas aparentemente eternas que origina mi propia experiencia de vida.

Durante los primeros meses después de nuestro encuentro con Abraham, Esther y yo establecimos un horario para hablar con Abraham, en el cual pasaba a lo largo de mi lista de preguntas siempre creciente. Con el tiempo, mientras Esther se tranquilizaba cada vez más con la idea de ser alguien que podía acallar la mente y permitir que esta Inteligencia Infinita fluyera a través de ella, comenzamos a ampliar gradualmente el círculo de amigos y conocidos con quienes nos reuníamos para discutir con Abraham los detalles de sus vidas.

Muy al comienzo de nuestra experiencia, le presenté a Abraham mi lista de ardientes preguntas. Espero que sus respuestas a *mis* primeras preguntas sean también satisfactorias para usted. Claro está que desde el momento decisivo en que comencé a acosar a Abraham con *mis* preguntas, hemos conocido miles de personas que a su vez han profundizado cada vez más estas preguntas, y quienes le han añadido su toque personal, a las cuales Abraham les ha ofrecido su amor y su brillo. Así fue como comencé con Abraham.

(No tengo una forma real de comprender cómo es que Esther es capaz de permitir que Abraham hable a través de ella. Desde mi punto de vista, Esther cierra sus ojos y respira suave y profundamente. Su cabeza se ladea con suavidad durante unos momentos, luego sus ojos se abren y Abraham se dirige a mí directamente, como sigue a continuación.)

Nosotros (Abraham) nos describimos como maestros

Abraham: ¡Buenos días! Es agradable tener la oportunidad de una visita. Agradecemos a Esther por permitir esta comunicación y a ti por solicitarla. Hemos considerado el inmenso valor de esta interacción, puesto que ofrecerá una introducción a aquellos de ustedes que son nuestros amigos en el plano físico. Pero aún más que una mera introducción de Abraham a su mundo físico, este libro ofrece una introducción del papel de lo No Físico en su mundo físico, puesto que sabes que estos mundos están enlazados intrínsecamente. No hay forma de separarlos.

Además, al escribir este libro, estamos realizando el compromiso que programamos mucho antes de que ustedes se manifestaran en sus cuerpos físicos. Nosotros, Abraham, estuvimos de acuerdo en que permaneceríamos enfocados aquí en la perspectiva No Física más amplia, más clara y, por consiguiente, más poderosa, mientras que ustedes, Jerry y Esther, estuvieron de acuerdo en proseguir en la magnificencia de sus cuerpos físicos en la Percepción Avanzada del pensamiento y la creación. Y una vez que sus experiencias de vida hubiesen estimulado en su interior este deseo claro y poderoso, fue nuestro acuerdo cumplir una cita con ustedes con el propósito de la cocreación poderosa.

Jerry, estamos dispuestos a responder a tu larga lista de preguntas (preparada con tanta deliberación y perfeccionada desde el contraste de tu experiencia de vida), puesto que es mucho lo que queremos transmitirle a nuestros amigos físicos. Deseamos que comprendan la magnificencia de su Ser; y deseamos que comprendan quiénes-son-en-verdad y por qué han venido a esta dimensión física.

Siempre es interesante para nosotros explicarle a nuestros amigos físicos aquellas cosas que son de naturaleza No Física, porque todo lo que tenemos para ofrecerles debe ser traducido a través de los lentes de su mundo físico. Es decir, Esther recibe nuestros pensamientos, como radioseñales, en un nivel inconsciente de su Ser, y luego los traduce al mundo físico de las palabras y los conceptos. Lo que ocurre aquí es una mezcla perfecta de lo físico y lo No Físico.

Mientras podemos ayudarlos a comprender la existencia del dominio No Físico desde el cual les estamos hablando, los asistiremos, en consecuencia, para que puedan comprender con mayor claridad quiénes-son-ustedes. Porque ustedes, de hecho, son una extensión de nosotros.

Somos muchos aquí, y nos hemos reunido debido a que nuestras intenciones y nuestros deseos concuerdan. En su ambiente físico, somos llamados *Abraham* y somos conocidos como *Maestros,* lo cual quiere decir que somos seres que poseemos un grado más amplio de comprensión, y que podemos guiar a los demás hacia esa compresión más amplia. Sabemos que las palabras no enseñan, solamente la experiencia de vida lo hace, pero la combinación de la experiencia de vida en conjunto con las palabras que definen y explican, puede mejorar las destrezas de aprendizaje, y es con esa idea en mente que ofrecemos estas palabras.

Estas son *Leyes Universales* que afectan todo en el Universo, absolutamente todo lo No Físico y lo físico. Estas *Leyes* son absolutas, son Eternas y son omnipresentes (están en todas partes). Cuando ustedes tienen una percepción consciente de estas *Leyes,* y una comprensión aplicada de ellas, su experiencia de vida mejora enormemente. De hecho, solamente cuando ustedes aplican la sabiduría de estas *Leyes* de forma consciente, son capaces de ser los Creadores Deliberados de su propia vida.

Tienes un *Ser Interior*

Aunque es cierto que eres el Ser físico que ves aquí en el plano físico, eres mucho más de lo que puedes ver con tus ojos físicos. Eres en realidad una extensión de la *Energía de la Fuente* No Física. Es decir, ese ser No Físico más amplio, mayor, más sabio que eres tú, está ahora enfocado en el Ser físico que conoces como tú. Nos referimos a su parte No Física como tu *Ser Interno*.

Los Seres físicos a menudo se conciben como muertos o vivos y, con esa idea en mente, a veces reconocen que existían en el dominio No Físico antes de manifestarse en su cuerpo físico y que, después de su muerte física, regresarán a ese dominio No Físico. Pero, muy pocas personas comprenden en verdad que la parte No Física de ellas, permanece enfocada de manera actual, poderosa y predominante en el dominio No Físico, mientras que una *parte* de esa perspectiva fluye en la perspectiva física y en su cuerpo físico *actual*.

Es esencial comprender estas perspectivas y su relación mutua, para llegar a comprender verdaderamente quiénes-son y la intención que tenían al manifestarse en ese cuerpo físico. Algunas personas llaman a esa parte No Física el "Ser Superior" o el "Alma." No importa el nombre que se le dé, pero sí es de gran valor reconocer que tu *Ser Interno* existe, porque solamente cuando comprendes conscientemente la relación entre tú y tu *Ser Interno* recibirás una verdadera guía.

No deseamos alterar tus creencias

No hemos venido para alterar tus creencias, sino a presentarte de nuevo las *Leyes eternas del Universo* para que puedas ser el creador *intencional* que has venido a ser, porque no hay nadie más que esté atrayendo en tu vida lo que estás obteniendo: tú eres el único que lo está haciendo.

No hemos venido a convencerlos de nada, porque no hay nada en lo que ustedes crean que nosotros no deseemos que crean. Y mientras observamos este plano físico y maravilloso que es la Tierra, vemos gran diversidad de creencias, y en esa diversidad hay un equilibrio perfecto.

Les presentaremos estas *Leyes Universales* en un sencillo formato. Y también les ofreceremos procesos prácticos por medio de los cuales pueden tener acceso deliberadamente a las *Leyes*, con el fin de lograr lo que sea importante para ustedes. Y aunque sabemos que se deleitarán en el control creativo que descubrirán sobre su propia vida, sabemos que el máximo valor, será la libertad que descubrirán mientras aprenden a aplicar el *Arte de Permitir*.

Puesto que su parte más elevada ya sabe todo esto, nuestro trabajo consiste en recordarles lo que en algún nivel ustedes ya saben. Esperamos que al leer estas palabras, si es su deseo, reciban la guía paso a paso para el Despertar, para el reconocimiento de su *Ser Total*.

Eres un ser valioso para *Todo-Lo-Que-Es*

Deseamos que regresen a la comprensión del inmenso valor que son para *Todo-Lo-Que-Es*, puesto que ustedes en verdad se encuentran en la Percepción Avanzada del pensamiento, expandiendo el Universo con cada uno de sus pensamientos, palabras y obras. Ustedes no son Seres inferiores tratando de ponerse al día, más bien son creadores en la Percepción Avanzada con todos los recursos del Universo a su disposición.

Deseamos que reconozcan su valor, porque en la ausencia de esa comprensión, no atraerán el legado que en verdad les pertenece. En la ausencia de aprecio por su ser, se niegan la herencia natural de alegría permanente. Y aunque el Universo de todas maneras se beneficia de todo lo que ustedes experimentan, es nuestro deseo que *ustedes* también comiencen a cosechar los frutos de su labor aquí y ahora.

Estamos totalmente seguros de que aquí encontrarán las claves que los llevaran a la experiencia de vida que ustedes decidieron tener desde antes de manifestarse en ese cuerpo. Los asistiremos en la realización de su propósito de vida, y sabemos que es importante para ustedes porque los hemos escuchado preguntar: *¿Por qué estoy aquí? ¿Qué puedo hacer para mejorar mi vida? ¿Cómo sé lo que es correcto?* Y estamos aquí para responderles todo en detalle.

Estamos listos para sus preguntas.

Introducción sobre estar en el Bienstar

Jerry: Lo que me gustaría, Abraham, es un libro preliminar, escrito especialmente para aquellas personas que desean tener un control consciente sobre sus propias vidas. Me gustaría que ese libro tuviera suficiente información y guía como para que todo lector pueda comenzar de inmediato a usar esas ideas, y experimentar así de forma inmediata, un incremento en su estado de felicidad o en su estado de Bienestar... sabiendo que es posible que necesiten más tarde que les aclaren un poco más algunos temas relativos a ciertos puntos específicos.

Abraham: Todo el mundo comenzará su trabajo justo desde el punto de partida en donde se encuentre, y esperamos que aquellos que buscan, encuentren en este libro las respuestas que anhelan. Ninguno de nosotros puede ofrecer todo lo que sabe, ni todo lo que desea transmitir, en un solo momento del tiempo. Por eso, ofreceremos aquí una base clara para la comprensión de las *Leyes del Universo*, tomando en cuenta que algunas personas querrán saber más sobre algunos de los temas aquí descritos y otras no. Nuestro trabajo está evolucionando continuamente a través de las preguntas que nos hacen como resultado del estímulo de lo que ha sido discutido antes. Jamás cesamos de evolucionar.

Las *Leyes Universales:* Definición

Existen tres *Leyes Universales Eternas* respecto a las cuales deseamos asistirlos para que las comprendan con mayor claridad, para que puedan aplicarlas con intención, efectividad y satisfacción a través de su expresión física de la vida. *La Ley de Atracción* es la primera de las *Leyes* que les ofreceremos, porque si no la entienden y no son capaces de aplicarla con efectividad, entonces la segunda *Ley*, la *Ciencia de la Creación Deliberada*, y la tercera, el *Arte de Permitir*, no pueden ser utilizadas. Deben primero comprender y utilizar con efectividad la primera *Ley* con el fin de comprender y usar la segunda. Y deben ser capaces de comprender y utilizar la segunda *Ley* antes de ser capaces de comprender y utilizar la tercera.

La primera *Ley*, la *Ley de Atracción*, dice: *Todo aquello que es similar, se atrae.* Aunque esto puede parecer una declaración muy simple, define la más poderosa de las *Leyes* del Universo, una *Ley* que afecta todas las cosas en todo momento. Nada existe que no sea afectado por esta poderosa *Ley*.

La segunda *Ley*, la *Ciencia de la Creación Deliberada*, dice: *Todo aquello que pienso, creo o espero, es.* En pocas palabras, obtienen lo que piensan, lo deseen o no. Una aplicación *deliberada* del pensamiento es de lo que trata en verdad la *Ciencia de la Creación Deliberada*, porque si no entienden estas *Leyes* y las aplican deliberadamente, entonces podrían perfectamente estar creando de forma inconsciente.

La tercera *Ley*, el *Arte de Permitir*, dice: *Soy lo que soy y estoy dispuesto a permitir que los demás sean lo que son.* Cuando están dispuestos a permitir que los demás sean como son, incluso si ellos no permiten que sean lo que ustedes son, entonces se convierten en *Permisores*, pero es poco probable que logren llegar a este punto, hasta que no lleguen a comprender *cómo* es que obtienen lo que obtienen.

Solamente cuando comprendas que otra persona no puede ser parte de tu experiencia, a menos que la invites a través de tus pensamientos (o a través de prestarle atención a ella), y que ninguna circunstancia puede ser parte de tu experiencia a menos que la invites en tu vida a través de tus pensamientos (o de su observación de ellas), te convertirás entonces en el *Permisor* que deseabas ser cuando te manifestaste en esta expresión de vida.

Comprender estas tres *Leyes Universales* poderosas y aplicarlas deliberadamente te guiarán hacia la libertad gozosa de ser capaz de crear tu propia vida exactamente como la deseas. Una vez que comprendas que invitas a todas las personas, circunstancias y eventos en tu vida, a través de tus pensamientos, comenzarás a llevar la vida que habías decidido llevar cuando tomaste la decisión de manifestarte en este cuerpo físico. De igual forma, comprender la poderosa *Ley de Atracción*, así como la intención de *Crear Deliberadamente* tu propia vida, te llevará, en última instancia, a una libertad sin paralelo que solo puede originarse después de lograr comprender totalmente y aplicar el *Arte de Permitir*.

SEGUNDA PARTE

La *Ley de Atracción*

La *Ley de Atracción* Universal: Definición

Jerry: Pues bien, Abraham, supongo que el primer tema que deseas explicarnos en detalle es la *Ley de Atracción*. Sé que has dicho que esta es la *Ley* más poderosa.

Abraham: No solamente la *Ley de Atracción* es la *Ley* más poderosa en el Universo, sino que deben comprenderla antes que pueda tener valor cualquier otra cosa que les ofrezcamos. Y deben entenderla antes de que tenga sentido cualquier cosa que estén viviendo o cualquier cosa que observen que estén viviendo los demás. Todo lo que están viviendo ustedes o las personas a su alrededor está siendo afectado por la *Ley de Atracción*. Es la base de todo lo que ven manifestándose. Es la base de todo lo que experimentan. Tener conciencia de la *Ley de Atracción* y comprender cómo funciona, es esencial para llevar una vida con un propósito. De hecho, es esencial para llevar la vida gozosa que vinieron a vivir aquí.

La *Ley de Atracción* dice: *Todo aquello que es similar, se atrae.* Cuando dicen: "Dios los cría y ellos se juntan", en verdad están hablando de la *Ley de Atracción*. Encuentras su evidencia cuando te levantas sintiéndote infeliz; luego, durante el día las cosas se ponen cada vez peor y peor y al final del día dices: "No debí ni siquiera haberme levantando de la cama." Pueden ver la *Ley de Atracción* evidenciada en su sociedad cuando ven que la persona que se la pasa hablando de enfermedades, también se la pasa enferma; sin embargo, la persona que se la pasa hablando de prosperidad, tiene prosperidad en su vida. La *Ley de Atracción* es evidente cuando sintonizas la radio en la emisora 630AM y *esperas* recibir la transmisión de la torre de la emisora 630AM, porque comprendes que las señales de radio entre la torre de transmisión y su receptor deben *concordar*.

Cuando comiences a comprender o, mejor aún, cuando comiences a recordar, la poderosa *Ley de Atracción* se irá manifestando fácilmente a tu alrededor, porque comenzarás a reconocer la correlación exacta entre lo que has estado pensando y lo que te está ocurriendo en tu vida. Nada aparece porque sí en tu vida. *Lo atraes todo, sin excepciones.*

Puesto que la *Ley de Atracción* está respondiendo a los pensamientos que tienen en todo momento, es correcto decir que *ustedes crean su propia realidad.* Todo lo que viven es atraído por ustedes debido a que la *Ley de Atracción* está respondiendo a los pensamientos que están teniendo. Ya sea que estén recordando algo del pasado, observando algo en el presente o imaginando algo sobre el futuro, el pensamiento en el cual se han enfocado en su poderoso momento actual, ha activado una vibración en su interior y la *Ley de Atracción* les está respondiendo ahora mismo.

Las personas a menudo explican, cuando están en medio de algo que les está pasando, que están totalmente seguros de que *ellos* no atrajeron algo así: "¡Jamás me habría causado algo tan indeseado a mí mismo!" aseguran. Y aunque sabemos que no atraerías deliberadamente una mala experiencia, debemos explicarte de todas maneras que solamente *tú* puedes haberlo causado, porque la única persona que tiene el poder de hacerlo eres tú mismo. Al enfocarte en algo indeseado o en la esencia de ese algo indeseado, lo has creado de manera *inconsciente.* Como no entendías las *Leyes del Universo*, ni las reglas del juego, por así decirlo, has invitado en tu vida a todas esas cosas indeseadas a las que les has prestado atención.

Para comprender mejor la Ley de Atracción, véanse como un imán que atrae hacia ustedes la esencia de todo lo que están pensando y sintiendo. Y así, si te sientes gordo, no puedes atraer ser delgado. Si te sientes pobre no puedes atraer la prosperidad. Sería un desafío a la *Ley*.

Pensar en algo es invitarlo

Mientras más comprendes el poder de la Ley de Atracción, más interés tendrás en dirigir deliberadamente tus pensamientos, porque obtienes lo que piensas lo quieras o no.

Sin excepción, en eso que pienses es lo que invitarás a tu vida. Cuan-do piensas un poco en algo que quieres y lo atraes a tu vida a través de la *Ley de Atracción*, ese pensamiento se agranda y se vuelve más poderoso. Cuando piensas en algo que no quieres, la *Ley de Atracción* lo atrae y también se agranda. Y mientras más crece el pensamiento, más poder atrae hacia sí mismo y entonces, lo recibirás con mayor seguridad.

Cuando ves algo que te gustaría experimentar y dices: "Sí, me gustaría tenerlo," al prestarle *atención* lo has invitado a tu experiencia. Sin embargo, cuando ves algo que no deseas vivir y gritas: "¡No, no, no lo deseo!" al prestarle atención, lo invitas a tu experiencia. En este Universo basado en la Atracción, no existe exclusión. Prestarle atención a algo lo incluye en tu vibración y si le prestas atención o lo haces consciente durante el tiempo suficiente, la *Ley de Atracción* lo atraerá a tu experiencia porque no existe el "no". Para aclarar este concepto, cuando observas algo y gritas: "No, no quiero esta experiencia, ¡largo de aquí!" lo que estás haciendo en realidad es invocándola en tu vida, porque no existe el "no" en este Universo basado en la Atracción. Tu atención le dice: "Sí, ven a mí, ¡esa cosa que *no* quiero!"

Por fortuna, aquí en tu realidad física de tiempo y espacio, las cosas no se manifiestan en tu experiencia de forma instantánea. Hay un maravilloso *intermedio de tiempo*, entre cuando comienzas a pensar en algo y el momento en que se manifiesta. Ese *intermedio de tiempo* te da la oportunidad de redirigir tu atención más y más hacia la dirección de las cosas que en verdad deseas que se manifiesten en tu experiencia. Y mucho antes de que se manifiesten (en realidad tan pronto piensas en ellas), puedes saber si es algo que deseas manifestar o no por la manera en que te *sientes*. Si sigues prestándole atención, ya sea algo que deseas o no deseas, se manifestará en tu vida.

Estas *Leyes,* incluso si no las comprendes, afectan tu experiencia a pesar de tu ignorancia. Y aunque podrías no estar consciente de haber escuchado hablar de la *Ley de Atracción,* su poderoso y evidente efecto es patente en todos los aspectos de tu vida.

Mientras consideras lo que estás leyendo aquí y comienzas a notar la correlación entre lo que estás pensando y diciendo y lo que estás obteniendo, comenzarás a comprender la poderosa *Ley de Atracción.* Y mientras diriges deliberadamente tus pensamientos y te enfocas en las cosas que deseas atraer a tu vida, comenzarás a recibir las experiencias que deseas en todos los campos.

Tu mundo físico es un lugar vasto y diverso lleno de una increíble variedad de eventos y circunstancias, algunos de las cuales apruebas (y desearías experimentar), y algunos de las cuales desapruebas (y no desearías experimentar). No fue tu intención, cuando te manifestaste en esa experiencia física, la de pedirle al mundo que cambiara con el fin de acomodar tus opiniones sobre la forma en que deberían ser las cosas, eliminando todas las cosas que no apruebas y añadiendo más de las cosas que *sí* apruebas.

Estás aquí para crear *el mundo a tu alrededor que* tú *deseas, mientras que* permites *que el mundo exista también tal cual* los demás *lo deseen. Y aunque las opciones de los demás no impiden de ninguna manera las opciones que deseas, la atención que le prestes a las opciones de los demás sí afecta tu vibración y, por lo tanto, tu propio* punto de atracción.

Mis pensamientos tienen poder magnético

La *Ley de Atracción* y su poder magnético se extiende hacia el Universo y atrae otros pensamientos que vibren de acuerdo a él... y los atrae a tu vida. Su atención a esos temas, la activación de esas ideas y la respuesta de la *Ley de Atracción*, son los responsables de que ocurran todo tipo de eventos y circunstancias en la vida de cada una de las personas. Todas esas cosas son atraídas en sus vidas a través de un tipo de poderoso embudo magnético, cuando están en concordancia vibratoria con sus propios pensamientos.

Obtienes la esencia de lo que piensas, ya sea algo que desees o que no desees. Esto podría ser algo que al principio te sea difícil digerir pero, con el tiempo, esperamos que llegues a apreciar la justicia, la consistencia y la perfección de esta poderosa *Ley de Atracción*. Una vez que comprendes esta *Ley* y comienzas a poner atención a lo que le estás poniendo atención, recuperarás el control de tu propia existencia. Y con ese control, recordarás de nuevo que no hay nada que desees que no puedas *lograr*, y no hay nada que no desees que no puedas liberar de tu existencia.

Comprender la *Ley de Atracción* y reconocer la correlación absoluta entre lo que estás pensando y sintiendo, y lo que estás manifestando en tu experiencia de vida hará que estés más consciente del estímulo de tus pensamientos. Comenzarás a advertir que tus propios pensamientos pueden estimularse por algo que lees o miras en la televisión, o escuchas u observas por la experiencia de otra persona. Y una vez que ves el efecto que la *Ley de Atracción* tiene sobre estos pensamientos, que comienzan pequeños y cada vez se vuelven más grandes y poderosos, sentirás el deseo interno de comenzar a dirigir tus pensamientos más y más hacia las cosas que deseas experimentar. Porque sea lo que sea que estás proyectando, sin importar la fuente del estímulo de ese pensamiento, tan pronto lo consideras, la *Ley de Atracción* entra en acción y comienza a ofrecerte otros pensamientos, conversaciones y experiencias de naturaleza similar.

Ya sea que estés recordando el pasado, observando el presente o imaginando el futuro, lo estás haciendo *ahora;* y sea lo que sea en lo que te estés enfocando, estás causando una vibración a la cual la *Ley de Atracción* está respondiendo. Al comienzo, podría ser que estés reflexionando en privado sobre un tema en particular, pero si lo piensas el tiempo suficiente, comenzarás a notar que otras personas hablan de ese tema contigo, puesto que la *Ley de Atracción* encuentra otras personas que estén ofreciendo una vibración similar y las atrae hacia ti. Mientras más te enfocas en un tema, más poderoso se vuelve, más se fortalece su *punto de atracción* y aparece más evidencia de él en tu vida. *Ya sea que te estés enfocando en algo que deseas o en algo que no deseas, la evidencia de tus pensamientos sigue fluyendo hacia ti.*

Mi *Ser Interior* se comunica a través de las emociones

Eres mucho más de lo que ves aquí en tu cuerpo físico, porque mientras seas, de hecho, un maravilloso creador *físico*, existes simultáneamente en otra dimensión. Hay una parte tuya, una parte tuya *No Física* (la llamamos tu *Ser Interior*) que existe aquí mismo mientras estás aquí en este cuerpo físico.

Tus emociones son los indicadores físicos de tu relación con tu Ser Interior. En otras palabras, mientras te enfocas en un tema y creas una perspectiva específica, tu *Ser Interior* también se enfoca en él y tiene una perspectiva y una opinión al respecto. Las *emociones* que sientes te indican si él concuerda o está en desacuerdo con esas opiniones. Por ejemplo, algo podría haber ocurrido y la opinión actual que tienes de ti mismo es que deberías haber hecho mejor las cosas o que no eres lo suficientemente inteligente, o que no eres una persona valiosa. Puesto que la opinión actual de tu *Ser Interior*, es que estás haciendo bien las cosas y que eres inteligente y absolutamente valioso, hay un desacuerdo definitivo en estas opiniones y sentirás ese desacuerdo en forma de *emoción negativa*. En cambio, cuando te sientes orgulloso de ti mismo o te amas o amas a otra persona, tu opinión actual está en concordancia mucho más cercana a lo que está sintiendo en este momento tu *Ser Interior*; y en ese caso, sentirás las *emociones positivas* de orgullo, amor y gratitud.

Tu *Ser Interior* o *Energía de la Fuente*, siempre ofrece una perspectiva que es para tu mayor beneficio, y cuando tu perspectiva concuerda con eso, ocurre la Atracción positiva. En otras palabras, mientras mejor te sientes, mejor será tu *punto de atracción* y mejor saldrán las cosas para ti. Las vibraciones comparadas de tu perspectiva y la de tu *Ser Interior* son responsables de esta magnífica *Guía* que siempre está disponible para ti.

Puesto que la *Ley de Atracción* está siempre respondiendo y actuando en cualquier vibración que le ofrezcas, es muy útil comprender que tus emociones te están permitiendo saber si estás en el proceso de crear algo que deseas o que no deseas.

Con frecuencia, cuando nuestros amigos físicos aprenden la poderosa *Ley de Atracción* y comienzan a comprender que están atrayendo a sus vidas las cosas en virtud de sus pensamientos, intentan controlar cada pensamiento sin poder evitar sentir a veces ciertas reservas. Pero, controlar todos los pensamientos es algo difícil puesto que hay demasiadas cosas en las que uno puede pensar, y la *Ley de Atracción* está trayendo más continuamente.

En vez de tratar de controlar tus pensamientos, te sugerimos que sencillamente pongas atención a lo que sientes. Porque si llegas a optar por un pensamiento que no está en armonía con la manera en que lo ve tu amoroso *Ser Interior* (el cual es más abierto, mayor y más sabio), sentirás una molestia, y podrás entonces dirigir tus pensamientos hacia algo que te haga sentir mejor y que, por lo tanto, se acomode mejor a tu propósito.

Cuando tomaste la decisión de manifestarte en este cuerpo físico, sabías que tendrías acceso al maravilloso *Sistema de Guía Emocional,* porque sabías en ese entonces que a través de tus maravillosas emociones siempre presentes, serías capaz de saber si estabas desviándote de tu gran sabiduría o estabas fluyendo con ella.

Cuando pienses en dirección de algo que deseas, sentirás emoción positiva. Cuando pienses en dirección de algo que no deseas, sentirás emoción negativa. Y así, lo único que debes hacer es prestar atención a lo que sientes, y así conocerás siempre la dirección hacia la cual tu poderoso Ser magnético está atrayendo el tema de tus pensamientos.

Mi omnipresente *Sistema de Guía Emocional*

Tu maravilloso *Sistema de Guía Emocional* es una gran ventaja en tu vida porque la *Ley de Atracción* está siempre activa ya sea que lo sepas o no. Por esa razón, cada vez que piensas en algo que *no* deseas, y permaneces enfocado en ese pensamiento, por *Ley*, estás atrayendo más y más y más, hasta que eventualmente atraerás los eventos o las circunstancias en tu experiencia.

Sin embargo, si estás consciente de tu *Sistema de Guía Emocional* y eres sensible a lo que sientes, notarás, desde un comienzo, desde las etapas más sutiles, que te estás enfocando en algo que *no* deseas, y podrás con facilidad cambiar el pensamiento para comenzar a atraer algo que *sí* deseas. Si no eres sensible a lo que sientes, entonces no advertirás conscientemente que estás pensando en la dirección de algo que no deseas, y podrás fácilmente atraer algo muy grande y poderoso que no deseas con lo cual será más difícil lidiar posteriormente.

Cuando se te ocurre una idea y sientes entusiasmo al respecto, significa que tu *Ser Interior concuerda en vibración* con la idea, y tu emoción positiva es una indicación de que la vibración de tu pensamiento en ese momento concuerda con la de tu *Ser Interior*. De hecho, esto es la *inspiración*: concuerdas en vibración, en ese momento, con la perspectiva superior de tu *Ser Interior*, y debido a esta alineación, ahora recibes una comunicación más clara, o una *Guía*, de parte de tu *Ser Interior*.

¿Y si deseo que ocurra más rápido?

Según la *Ley de Atracción*, los pensamientos que concuerdan se atraen, y cuando lo hacen, se convierten en algo poderoso. Y al convertirse en algo más poderoso y, por lo tanto más cercano a la manifestación, la emoción que sienten también se agranda proporcionalmente. Cuando se enfocan en algo que desean, a través de la *Ley de Atracción*, atraen más y más pensamientos relacionados con su deseo, y sentirán una emoción más positiva. *Puedes acelerar la creación de algo con solo prestarle más atención: la Ley de Atracción se encarga del resto y atrae hacia ti la esencia de tu pensamiento.*

Definiríamos las palabras *desear* o *anhelar* de esta manera: *enfocar la atención, o pensar en un tema, sintiendo al mismo tiempo una emoción positiva.* Cuando le prestas atención a un tema y solamente sientes una emoción positiva al respecto, aparecerá más rápidamente en tu experiencia. Algunas veces escuchamos que nuestros amigos físicos hablan de las palabras *desear* or *anhelar* mientras que al mismo tiempo sienten *duda* o *temor* de que su deseo no pueda ser logrado. Desde nuestro punto de vista, no es posible desear algo por entero mientras se sienta emoción negativa.

El deseo puro siempre está acompañado de una emoción positiva. Quizá esa es la razón por la cual las personas discrepan de nosotros cuando usamos las palabras *desear* o *anhelar.* A menudo alegan que "desear" implica una especie de carencia y contradice su propio significado, y estamos de acuerdo. Pero el problema no es la palabra o la etiqueta que usemos, sino, el estado emocional expresado mientras se usa la palabra.

Deseamos ayudarlos a comprender que pueden tener todo lo que deseen desde el lugar en donde están, sin importar dónde sea o cuál sea su estado actual del Ser. Lo más importante que deben comprender es que su estado mental del Ser, o su actitud, en el momento, es la base desde la cual atraerán más. Entonces, la poderosa y consistente *Ley de Atracción* está respondiendo a todo en este Universo vibratorio, atrayendo a personas con vibraciones similares, atrayendo situaciones con vibraciones similares, y atrayendo pensamientos con vibraciones similares. De hecho, todo en sus vidas, desde la forma en que los pensamientos atraviesan su mente, hasta las personas con las cuales se tropiezan en medio del tráfico, es así, debido a la *Ley de Atracción.*

¿Cómo deseo verme?

Para la mayoría de ustedes, muchas cosas en su vida van bien y desean que sigan así, pero también hay otras cosas que desearían que fueran distintas. Para que las cosas cambien, deben verlas como desearían que fueran en vez de seguir viéndolas como son.

Es probable que la mayor parte de sus pensamientos sean respecto a lo que observa, lo cual quiere decir que *lo-que-es* domina su enfoque, su atención, su vibración, y por lo tanto su *punto de atracción*. Luego esto se intensifica cuando los demás también lo observan en ustedes.

Por eso, como resultado de la enorme cantidad de atención que le han prestado a la situación actual *(lo-que-es)*, el cambio se realiza muy lentamente, o no hay cambio en lo absoluto. Una corriente constante de diferentes personas fluye en su vida, pero la esencia del tema de esas experiencias no varía mucho.

Con el fin de efectuar un cambio verdaderamente positivo en tu experiencia, debes hacer caso omiso de las cosas tal como están ahora mismo, así como lo que los demás están viendo en ti, y prestarle más atención a la forma en que preferirías que fueran las cosas. Con práctica, cambiarás tu *punto de atracción* y experimentarás un cambio sustancial en tu vida. Las enfermedades se convierten en bienestar, la falta de abundancia en abundancia, las malas relaciones en buenas relaciones, la confusión puede ser reemplazada por la claridad, y así sucesivamente.

Al dirigir deliberadamente tus pensamientos, en vez de observar lo que está ocurriendo a tu alrededor, comienzas a vivir el cambio en los patrones vibratorios a los cuales responde la *Ley de Atracción*. Y con el tiempo, con menos esfuerzo del que puedes pensar ahora mismo, ya no crearás un futuro similar a tu pasado y a tu presente (respondiendo a la forma en que los demás lo perciben. En lugar de eso, serás el creador poderoso y deliberado de tu propia vida.

Es probable que no veas a un escultor lanzando un montón de yeso sobre su mesa de trabajo exclamando: "¡Ah, salió mal!" Él sabe que debe poner sus manos sobre el yeso y trabajar para moldearlo para que la visión que él sostiene en su mente concuerde con lo que tiene en la mesa. La variedad de tu experiencia te ofrece el yeso para moldear tu obra, y si lo observas tal como es, sin tomarlo en tus manos y moldearlo deliberadamente para concordar con tus deseos, sentirás insatisfacción, y eso no era lo que tenías en mente cuando tomaste la decisión de venir a esta realidad de espa-

cio y tiempo. Deseamos que comprendas que tu "yeso" es moldea-
ble, no importa cómo luzca ahora mismo. Sin excepciones.

Bienvenido al planeta Tierra, mi pequeño

Podrías sentir que sería más fácil escuchar estas palabras si hu-
bieran sido pronunciadas en el primer día de tu experiencia en el
planeta Tierra. Si te hubiéramos hablado el primer día que llegaste
a tu experiencia en la vida física, te habríamos dicho:

*Bienvenido, pequeño, al planeta Tierra. No hay nada que no puedas
ser, hacer o tener. Eres un magnífico creador y estás aquí por tu deseo
deliberado y poderoso de estar aquí. Has aplicado específicamente la
asombrosa ley de la Creación Deliberada y por tu habilidad de hacerlo,
aquí estás.*

*Sigue adelante y atrae las experiencias que te van a ayudar a decidir
lo que deseas. Y una vez que hayas decidido, piensa tan solo en eso.*

*Te pasarás la mayoría de tu tiempo recolectando datos que te
ayudarán a decidir lo que quieres, pero tu verdadero trabajo es precisamente: decidir lo que quieres y enfocarte en eso, porque es a través de
ese enfoque que lo atraes. Este es el proceso de la creación: pensar en lo
que deseas, pensar con tanta intensidad y claridad que tu Ser Interior
te ofrezca emoción. Y al pensar con emoción, te conviertes en el más
poderoso de todos los imanes. Ese es el proceso por el cual atraerás a tu
vida todo lo que deseas.*

*Muchos de los pensamientos que tengas no serán muy poderosos, no
podrán atraer al comienzo, no a menos que permanezcas enfocado en ellos el tiempo suficiente como para que se agranden. Porque al agrandarse
en cantidad, también se agrandan en poder. Y al agrandarse en poder y
cantidad, también se incrementará el sentimiento de tu Ser Interior.*

*Cuando tienes pensamientos que conllevan una emoción, tienes
acceso al poder del Universo. Empieza tu camino (diríamos) en este
primer día de tu vida, sabiendo que tu trabajo es decidir lo que quieres y
luego enfocarte en eso.*

Pero, no estamos dirigiéndonos a ustedes en su primer día de
vida. Ya llevan aquí un buen tiempo. La mayor parte de ustedes se
ha visto a través, no solamente de sus propios ojos (de hecho, ni

siquiera principalmente a través de sus propios ojos), sino a través de los ojos de los demás, por lo tanto, *muchos de ustedes no están ahora mismo en el estado del Ser que desean ser.*

¿Es verdad que mi "realidad" es lo único real?

Tenemos la intención de ofrecerles un proceso por medio del cual pueden lograr el estado del Ser que desean para que puedan tener acceso al poder del Universo y comiencen a atraer el tema de su *deseo,* en vez de que el tema de lo que sienten sea su estado real del Ser. Porque, desde nuestra perspectiva, *hay una gran diferencia entre lo que existe ahora, lo cual ustedes llama su "realidad", y lo que su realidad es en verdad.*

Aunque te encuentres en un cuerpo que no esté sano o que no tenga el tamaño, la forma o la vitalidad de tu gusto; aunque lleves una vida que no te agrade; conduzcas un auto que te avergüence, te relaciones con personas que no te brinden placer... deseamos asistirte para que comprendas que aunque eso parezca tu estado del Ser, no tiene que serlo. *Tu estado del Ser es como te sientes sobre ti mismo en un momento dado.*

¿Cómo puedo incrementar mi poder magnético?

Los pensamientos que tienes sin que los acompañen emociones intensas, no son de gran poder magnético. Es decir, que aunque todos los pensamientos que tienes tienen un potencial creativo o un potencial de atracción magnética, los pensamientos que tienes en combinación con sentimientos de emociones intensas, son los más poderosos. Ciertamente, la mayoría de tus pensamientos, por lo tanto, no tienen gran poder de Atracción. Lo que hacen es más o menos mantener lo que ya has estado atrayendo.

Entonces, ¿comprendes el valor de pasar diez o quince minutos al día enfocándote deliberadamente en poderosos pensamientos que evoquen emociones grandiosas, poderosas, apasionadas y positivas con el fin de atraer circunstancias y eventos en tu vida que sean acordes a lo que deseas? (Para nosotros eso es muy valioso.)

Aquí les ofrecemos un proceso por medio del cual pueden pasar un poco de tiempo cada día, atrayendo intencionalmente en su experiencia, la salud, la vitalidad, la prosperidad, las relaciones positivas con los demás... todas las cosas que componen su visión de lo que es una experiencia de vida perfecta. Y eso, queridos amigos, sería algo muy transformador. Porque mientras pretendan algo y lo reciban, no solamente recibirán los beneficios de lo que han creado, sino que, además, recibirán una nueva perspectiva desde la cual sus intenciones serán diferentes. De esto es que se trata la evolución y el crecimiento.

El *Proceso del Taller Creativo* de Abraham

Este es el proceso: vas a ir cada día a una especie de *Taller Creativo*, no durante un periodo muy largo de tiempo, quince minutos está bien, máximo veinte. Este Taller no tiene que llevarse a cabo en el mismo lugar todos los días, pero sí es bueno hacerlo en donde no te distraigas ni te interrumpan. No es un lugar en donde entrarás a un estado alterado de conciencia, no es un estado meditativo. Es un estado en que piensas en lo que deseas con tanta claridad que tu *Ser Interior* responde confirmándote con una emoción.

Antes de comenzar este proceso, es importante que te sientas feliz, porque si comienzas sintiéndote infeliz o sin emoción alguna, entonces tu trabajo no tendrá el mismo valor, porque tu poder de Atracción estará ausente. Cuando decimos "feliz," no estamos hablando de ese tipo de emoción que te hace brincar de alegría. Nos referimos a un sentimiento de estar animado, despreocupado, esa sensación de que todo está bien. Entonces, recomendamos que hagas lo que tengas que hacer para sentir alegría. Para cada uno de ustedes es un proceso distinto... Por ejemplo, para Esther, escuchar música es un método rápido de sentirse animada, alegre, pero no con cualquier música se puede lograr, y ni siquiera escuchar la misma música siempre a cada vez. Para algunos de ustedes, funciona estar con animales o cerca del agua, pero una vez que logren sentirse bien, pueden sentarse y comenzar su Taller.

Tu misión en este Taller consiste en asimilar los datos que has estado recolectando en tus experiencias de la vida real (mientras te has estado relacionando con las personas y entrando y saliendo de tu ambiente físico). Es decir, reunir todos esos datos en una especie de cuadro mental de tu situación, un cuadro que te satisfaga y te agrade.

Tu experiencia de vida fuera de tu Taller será de gran valor, porque mientras avances en tu día, no importa lo que hagas, trabajar, caminar por tu casa; relacionarte con tu pareja, amigos, hijos o padres, *si usas tu tiempo pensando que una de tus intenciones es recolectar datos para las cosas que deseas traer a tu Taller, entonces descubrirás que todos los días son divertidos.*

¿Has ido alguna vez de compras teniendo algo de dinero en tus bolsillos y con la intención de encontrar algo para comprar? Mientras mirabas a uno y otro lado, encontrabas cosas que no querías, pero tu intención era encontrar algo que *sí* querías intercambiar por dinero. Y bien, así es que deseamos que veas tus días... como si tuvieras mucho de algo que estuvieras intercambiando por estos datos que estás recolectando.

Por ejemplo, podrías ver a alguien con una personalidad alegre. Recolecta ese dato con la intención de traerlo luego a tu Taller. Podrías ver a alguien conduciendo un vehículo que te gustaría tener; recolecta ese dato. Podrías ver un oficio que te gusta... Sea lo que sea que estás viendo que te guste, recuérdalo. (También puedes escribirlo.) Cada vez que veas algo que pienses que te gustaría tener en tu experiencia de vida, mírate a ti mismo recolectando ese dato en una especie de banco mental. Y luego cuando vayas a tu *Taller,* puedes comenzar a asimilar los datos y cuando lo hagas, *prepararás un cuadro interno de ti mismo desde el cual comenzarás a atraer en tu vida la esencia de esas cosas que te agradan.*

Si eres capaz de capturar la idea de que tu misión *real,* sin importar las demás actividades que estés realizando, es mirar a tu alrededor con la intención de traer cosas a tu Taller con el fin de crear tu visión de ti mismo a partir de la cual atraerás esas cosas, entonces llegarás a saber que no hay nada que no puedas ser, hacer o tener.

Estoy ahora en mi *Taller Creativo*

Entonces, ahora te sientes feliz y estás sentado en algún lugar de tu *Taller.* A continuación vemos un ejemplo del trabajo que podrías realizar en tu *Taller Creativo:*

Me gusta estar aquí; reconozco el valor y el poder de estos momentos. Me siento muy bien.

Me veo a mí mismo como un paquete completo, alguien que sé que es obra de mi propia creación y desde luego, soy también el creador de mi paquete. Estoy lleno de Energía en este cuadro de mí mismo, incansable y fluyendo a través de mi vida sin resistencia. Mientras me veo deslizándome, entrando y saliendo de mi auto, de lugares, de habitaciones, de conversaciones y de experiencias de vida, me veo fluyendo sin esfuerzo, cómodo y feliz.

Me veo atrayendo solamente a las personas que están en armonía con mi intención actual. Y cada vez estoy más y más claro en todo momento respecto a lo que deseo. Cuando me subo a mi auto y me dirijo a un lugar, me veo llegando lleno de salud, renovado y a tiempo, y me preparo para lo que sea que deba hacer en ese lugar. Me veo vestido a la perfección de la manera que he escogido para mí. Y es agradable saber que no importa lo que los demás escojan para ellos, ni lo que los demás piensen sobre mí.

Lo que es importante es que estoy a gusto conmigo mismo y con la forma en que luzco: sin duda lo estoy.

Reconozco que soy ilimitado en todas las facetas de mi vida...; tengo un balance ilimitado en mi cuenta bancaria y mientras me veo viviendo las diferentes etapas de mi vida, es muy emocionante saber que no hay nada que yo esté deci-

diendo que esté limitado por el dinero. Estoy tomando todas mis decisiones según si deseo o no vivir la experiencia, no según si puedo o no costearla. Porque sé que soy un imán que atraigo en cualquier momento toda la prosperidad, la salud y las relaciones que deseo.

Opto por la abundancia absoluta y continua, porque comprendo que no hay límite en la abundancia del Universo y que atrayendo abundancia a mi vida no estoy limitando a nadie más... Hay suficiente para todos. La clave es que cada uno lo vea y lo desee y así cada uno podrá atraerlo por igual. Por eso, he escogido lo "ilimitado," no necesariamente acumulando y guardando, porque comprendo que tengo el poder de atraerlo mientras lo desee por el tiempo que lo desee. Y si pienso en otra cosa que quiero, el dinero fluye fácilmente hacia mí, y así tengo siempre un suministro ilimitado de abundancia y prosperidad.

Hay abundancia en todos los aspectos de mi vida... Me veo rodeado de otras personas, quienes como yo, buscan el crecimiento; y quienes están siendo atraídas hacia mí debido a mi disposición de permitirles ser, hacer o tener todo lo que ellas deseen, aunque no tengo que atraer esas experiencias en mi vida si no las deseo. Me veo relacionándome con los demás; y hablando, sonriendo, y disfrutando todo aquello que es perfecto en ellos mientras disfruto de todo aquello que es perfecto para mí. Todos apreciándonos y ninguno criticándonos o advirtiendo las cosas que no nos gustan.

Me veo en perfecto estado de salud. Me veo en perfecta prosperidad. Me veo regocijado con la vida, apreciando las experiencias que ella me trae, aquellas que tanto deseaba cuando decidí convertirme en un Ser físico. Es glorioso estar aquí como un Ser físico, tomando decisiones con mi cerebro humano, pero teniendo acceso al poder del Universo a través de la Ley de Atracción. Y es desde este maravilloso estado del Ser que ahora atraigo más de lo mismo. Es bueno, es divertido. Me gusta mucho.

Saldré de este Taller, y me programaré, durante el resto del día, para buscar más cosas que me gusten. Es agradable saber que si veo a alguien que es próspero pero está enfermo, no tengo que traer todo el panorama a mi Taller, solamente la parte que *me gusta. Entonces traeré el ejemplo de prosperidad y dejaré el ejemplo de enfermedad. Y, por ahora, mi trabajo ha llegado a su fin.*

¿No son acaso todas las *Leyes* Universales?

Jerry: Abraham, nos hablaste de las tres *Leyes Universales* más importantes. ¿Existen *Leyes* que no sean *Universales?*

Abraham: Hay muchas cosas que ustedes podrían llamar *Leyes.* Nos reservamos la definición de *Ley* para todo aquello que es *Universal.* En otras palabras, cuando ustedes entran a la dimensión física, han aceptado el acuerdo del tiempo, la gravedad, la percepción del espacio, pero esos acuerdos no son *Universales* puesto que existen otras dimensiones que no comparten esas experiencias. En muchos casos, en donde ustedes usan la palabra *Ley,* nosotros usaríamos la palabra *acuerdo.* No hay otras *Leyes Universales* que estamos esperando divulgar más tarde.

¿Cómo puedo usar mejor la *Ley de Atracción?*

Jerry: ¿Existen muchas formas diferentes de usar deliberada o conscientemente esta *Ley de Atracción?*

Abraham: Comenzaremos diciendo que ustedes *siempre* la están usando, lo sepan o no. No pueden dejar de usarla, porque es inherente a todo lo que hacen. Pero apreciamos tu pregunta, porque deseas comprender cómo usarla *deliberadamente* con el fin de lograr aquello que deseas *intencionalmente.*

Lo más importante es ser conscientes de que la *Ley de Atracción* existe, para poder usarla deliberadamente. Puesto que la *Ley de Atracción* está siempre respondiendo a tus pensamientos, es importante enfocarse deliberadamente en ellos.

Escoger temas que te interesan y pensar en ellos de manera que te beneficien. En otras palabras, busca los *aspectos positivos* de los temas que son importantes para ti. Cuando escoges un pensamiento, la *Ley de Atracción* reacciona, atrayendo más pensamientos similares, convirtiendo en más poderoso ese pensamiento.

Al permanecer enfocado en un tema de tu elección, tu punto de atracción sobre ese tema se convierte en mucho más poderoso que si tu mente pasa de un tema a otro. Hay un poder tremendo en el enfoque.

Cuando tomas la decisión deliberada de escoger tus pensamientos, las cosas que haces, y las personas con las cuales pasas tu tiempo, sentirás los beneficios de la *Ley de Atracción*. Cuando pasas tiempo con personas que te aprecian, estimulas tus propios pensamientos de gratitud. Cuando pasas tiempo con las personas que solo ven tus defectos, la percepción que ellos tienen de los defectos que tienes, se convierte en tu *punto de atracción*.

Cuando llegas a comprender que sea lo que sea a lo que le prestes tu atención, se está agrandando (debido a que la *Ley de Atracción* dice que así debe ser), podrías ser más cuidadoso con las cosas a las cuales les estás prestando atención. Es mucho más fácil cambiar la dirección de tus pensamientos en las etapas tempranas del pensamiento antes de que haya logrado su máximo impulso. Pero es posible cambiar la dirección de tus pensamientos en cualquier momento.

¿Puedo revertir en un instante mi Impulso Creativo?

Jerry: Digamos que hay alguien que ya está creando un proceso, debido a sus pensamientos anteriores y que ahora decide de repente cambiar la dirección de su creación. ¿Existe un factor de impulso? ¿No tendría primero esa persona que desacelerar lo que ya está en proceso de ser creado? ¿O es posible crear en un instante en una dirección distinta?

Abraham: Existe un factor de impulso causado por la *Ley de Atracción*. La *Ley de Atracción* dice: *Todo aquello que es similar, se atrae.* Por esa razón, cualquier pensamiento que haya activado tu atención se está agrandando cada vez. Pero deseamos que comprendas que la acumulación del impulso es algo gradual. Por eso, en vez de tratar de cambiar ese pensamiento, es mejor enfocarse en uno nuevo.

Digamos que llevas un tiempo pensando en algo que no quieres y lo has hecho durante un tiempo y, por ende, hace rato que tienes un fuerte impulso negativo. No es posible que comiences a pensar de manera contraria de un momento a otro. De hecho, desde el lugar en donde te encuentras, ni siquiera tendrías acceso a ese tipo de pensamientos, *sino que escogerías un pensamiento que fuera ligeramente mejor que los pensamientos que has pensado hasta ahora, y luego otro y otro, hasta que gradualmente puedas cambiar la dirección de tus pensamientos.*

Otro proceso efectivo para cambiar la dirección de tus pensamientos es cambiar por completo el tema, buscando deliberadamente el aspecto positivo de algo. Si eres capaz de hacerlo, y si estás dispuesto a mantenerte enfocado en ese pensamiento que te hace sentir mejor por un tiempo, entonces la *Ley de Atracción* está ahora respondiendo a ese pensamiento, el equilibrio de tus pensamientos mejora. Ahora cuando regresas a tus pensamientos negativos anteriores, como ya estás en un modo diferente de vibración, ese pensamiento será afectado ligeramente por tu mejoría vibratoria. Poco a poco, mejorarás el contenido vibratorio del tema que escoges pensar y, mientras sucede, todo en tu vida comienza a girar hacia una dirección más positiva.

¿Cómo puede alguien superar la desilusión?

Jerry: Para la persona que está intentando tomar un giro radical en la dirección positiva a su prosperidad o hacia su salud, si ya existe un factor de impulso hacia la otra dirección, ¿qué tanta fe o creencia debería requerir para superar su desilusión y decir: "Yo sé que esto va a funcionar," aunque todavía no haya funcionado?

Abraham: Pues bien, desde el punto de vista de la desilusión, esa persona está atrayendo más desilusión. El mejor camino es la comprensión del proceso creativo. Ese es el valor del *Taller Creativo*, sentirse feliz y luego ir a un lugar en donde pueda *verlo* como desea que sea, verlo hasta que lo crea con tal claridad que atraiga una emoción y desde *ese* estado del Ser, lo atraerá como desea que sea.

La desilusión *es un mensaje de tu Ser Interior diciéndote que en lo que te estás enfocando no es lo que deseas. Si eres sensible a lo que sientes, entonces la desilusión por sí misma te está dejando saber que lo que estás pensando no es lo que deseas atraer a tu vida.*

¿Cuál es la causa de las ondas mundiales de eventos indeseados?

Jerry: A lo largo de los años, he visto en los noticieros de televisión o en otros medios, que informan el secuestro de un avión o un ataque terrorista o un caso grave de abuso infantil o un asesinato masivo o algo negativo similar, y luego veo una onda casi mundial en la cual comienzan a ocurrir más de este tipos de eventos similares. ¿Es esto atraído por el mismo proceso?

Abraham: La atención a cualquier tema lo amplifica, porque la atención al tema activa su vibración y la *Ley de Atracción* responde a la vibración activada.

Las personas que pueden estar planificando el secuestro de un avión, están añadiendo poder a ese pensamiento y las que *temen* el prospecto de un secuestro también están añadiendo poder a ese pensamiento, puesto que ustedes le agregan poder a las cosas que no desean cuando les ponen atención. Para comenzar, aquellos que tienen la clara intención de no atraer ningún tipo de experiencias negativas en su experiencia, probablemente no ven esas noticias.

Hay muchas intenciones y combinaciones de intenciones distintas en las cuales es muy difícil señalar, en general, la forma cómo alguien las atraería... Sin duda, estos noticieros le añaden poder a estas situaciones. Puesto que cuantas más y más personas se enfoquen en lo que no desean, están incrementando la creación de lo que no desean. Su poder emocional añade gran influencia a los eventos generales del mundo. De eso se trata la conciencia de masas.

¿Es posible que la atención a los procedimientos médicos atraiga más de lo mismo?

Jerry: En la actualidad, existe un amplio rango de cirugías televisadas. ¿Piensas que ese tipo de cosas incrementa la cantidad de cirugías que hay ahora por persona? Es decir, cuando las personas observan los procedimientos médicos televisados, ¿podrían ellas automáticamente concordar más en vibración con la esencia de los procedimientos médicos?

Abraham: Cuando le prestas atención a algo, se incrementa tu potencial de atraerlo. Mientras más vívidos los detalles, más atención le prestas y más probable es que lo atraigas en tu experiencia. Y muchas emociones negativas que sientes cuando observas este tipo de cosas, es tu indicación de que estás atrayendo la negatividad.

Obviamente, las enfermedades no ocurren de inmediato, por eso con frecuencia no sientes la correlación entre tus pensamientos, la emoción negativa consecuente y la enfermedad resultante, pero están totalmente relacionados. *Tu atención a cualquier cosa lo acerca más a ti.*

Por fortuna, debido al *intermedio de tiempo,* tus pensamientos no se vuelven realidad en un instante, por eso tienes muchas oportunidades de evaluar su dirección (según cómo te sientes) y cambiar su dirección cada vez que sientas una emoción negativa.

La oferta constante de detalles de enfermedades tiene gran influencia en el incremento de enfermedades en tu sociedad. Si te permites enfocarte en el bombardeo constante de desagradables estadísticas respecto a la corriente sin fin de posibles enfermedades físicas, no puede ocurrir otra cosa más que afectar tu *punto de atracción* personal.

Podrías, en cambio, encontrar la forma de enfocar tu atención en las cosas que *sí* deseas atraer a tu vida, porque sea lo que sea que observes consistentemente, eso atraes... *Mientras más pienses en enfermedades y te preocupes por ellas, más las atraerás en tu vida.*

¿Debo descubrir la causa de mis emociones negativas?

Jerry: Supongamos que estoy usando el *Proceso del Taller Creativo* de enfocarme en las cosas que deseo, pero luego salgo del Taller y tengo una emoción negativa, ¿sugieres que intentemos descubrir lo que causó la emoción negativa? ¿O sugieres que pensemos en una de las cosas que estábamos pensando y que deseábamos durante el Taller?

Abraham: El poder del *Proceso del Taller Creativo* consiste en que mientras más atención le presten a un tema, más poderoso se vuelve, más fácil es pensar en él y más comienza a aparecer en sus vidas. Cada vez que son conscientes de que están sintiendo una emoción negativa, es importante comprender que aunque no estén conscientes de ello, están llevando a cabo un *Taller* negativo.

Cada vez que se sorprendan sintiendo una emoción negativa, les sugerimos que intenten girar sutilmente sus pensamientos hacia algo que *sí* desean experimentar, y poco a poco cambiarán sus hábitos de pensamientos respecto a esas cosas. Cada vez que son capaces de identificar algo que *no* desean, siempre podrán entonces identificar algo que *sí* desean. Y cuando hacen eso una y otra vez, su patrón de pensamiento, en todos los temas importantes para ustedes, girará más hacia la dirección de lo que desean. Es decir, gradualmente llegan a obviar una creencia actual dada sobre cosas que *no* desean hasta llegar a creer en cosas que *sí* desean.

Un ejemplo de obviar de una creencia indeseada

Jerry: ¿Nos podrías ofrecer un ejemplo de a qué te refieres con "obviar una creencia"?

Abraham: Tu *Sistema de Guía Emocional* funciona mejor cuando programas intenciones continuas y deliberadas de lo que deseas. Entonces, digamos que has programado la intención en tu *Taller* de una salud perfecta: te has visualizado como un Ser saludable, lleno de vitalidad. Y ahora transcurre tu día y mientras estás almorzando, estás sentado con una amiga que está hablando de sus enfermedades. Y mientras ella habla de sus enfermedades, te sientes incómodo y preocupado con la conversación... Ahora, lo que ocurre con tu *Sistema de Guía,* es que te está indicando que *lo que estás escuchando y en lo que estás pensando (lo que te está diciendo tu amiga) no está en armonía con tus intenciones.* Y decides claramente cambiar esa conversación para que no siga en la dirección de la enfermedad. Tratas de cambiar el tema, pero tu amiga está muy entusiasmada y atraída hacia ese tópico, y regresa al tema de la conversación de su enfermedad. De nuevo, la alarma de tu *Sistema de Guía* comienza a sonar.

La razón por la cual sientes emoción negativa, no es solamente porque tu amiga esté hablando de algo que no deseas. *Tu emoción negativa te indica que tienes creencias contrarias a tus propios deseos.* La conversación de tu amiga está sencillamente activando creencias en tu interior que desafían tus deseos de bienestar. Pero, alejarte de tu amiga no cambiará esas creencias. Es necesario que comiences en el lugar en donde estás, en medio de esa creencia, y que la cambies gradualmente, obviándola, por llamarlo así, hacia una creencia que esté más en armonía con tus deseos de bienestar.

Es útil que cada vez que sientas una emoción negativa, te detengas y reconozcas lo que estabas pensando cuando surgió la emoción negativa. Cuando la sientes, siempre te está diciendo que lo que estás pensando es importante, y que estás pensando en lo contrario de lo que deseas. Entonces, preguntas como: "¿en qué estaba pensando cuando surgió esta emoción negativa?" y "¿qué es lo que deseo respecto a este tema?" te ayudarán a comprender que estás, en este momento, enfocado en la dirección opuesta a lo que en verdad deseas atraer a tu vida.

Por ejemplo: "¿en qué estaba pensando cuando surgió esa emoción negativa? Estaba pensando en que estamos en la temporada de gripe, y estaba recordando lo enfermo que he estado de gripe en el pasado. No solamente falté al trabajo y dejé de hacer muchas cosas que quería sino que, además, me sentí muy mal durante varios días. ¿Qué es lo que *quiero*? Sentirme saludable este año."

Pero decir solamente "quiero sentirme saludable" por lo general no es suficiente bajo estas condiciones, porque tu recuerdo de haber tenido gripe y tu creencia sobre la posibilidad de atrapar la gripe, es mucho más fuerte que tu deseo de sentirte bien.

Nosotros trataríamos de obviar nuestra creencia de esta manera:

Esta es la temporada del año en la que por lo general me da gripe.
No quiero que me dé gripe este año.
Espero que no me dé gripe este año.
Parece que a todo el mundo le da.
Parece que estoy exagerando. No a todo el mundo le da.
De hecho, ha habido otras temporadas de gripe en las cuales no me ha dado la gripe.
No siempre me da gripe.
Es posible que esta temporada pase sin que me dé ninguna gripe.
Me gusta la idea de estar saludable.
Esas experiencias pasadas de gripe pasaron antes de que comprendiera que puedo controlar las cosas que me pasan.
Ahora comprendo el poder de mis propios pensamientos, las cosas han cambiado.
Ahora comprendo el poder de la Ley de Atracción, las cosas han cambiado.
No es necesario que me dé gripe este año.
No es necesario que yo experimente nada que no desee.

Puedo dirigir mis pensamientos hacia las cosas que deseo experimentar.

Me gusta la idea de guiar mi vida hacia las cosas que deseo vivir.

Ahora has cambiado hacia la nueva creencia. Si el pensamiento negativo regresa, y podría hacerlo durante un tiempo, solo tienes que guiar tus pensamientos más deliberadamente y eventualmente ya no regresarán.

¿Crean también los pensamientos durante mis sueños?

Jerry: Me gustaría comprender mejor el mundo de los sueños. ¿Creamos durante nuestros sueños? ¿Estamos atrayendo cosas a través de los pensamientos que tenemos o vivimos en nuestros sueños?

Abraham: No lo están. Mientras duermen, se retraen de la conciencia de su realidad física de tiempo y espacio, y no están atrayendo temporalmente.

Sea lo que sea que estén pensando (y por lo tanto sintiendo) y lo que están atrayendo, siempre concuerda. De igual forma, lo que sienten y piensan durante el periodo del sueño y lo que manifiestan en su vida también concuerda. *Sus sueños les muestran una visión momentánea de lo que están creando o de lo que están en el proceso de crear, pero ustedes no están en el proceso de creación mientras duermen.*

A menudo, no son inconscientes de sus patrones de pensamientos hasta que los manifiestan en sus vidas, porque han desarrollado gradualmente hábitos de pensamientos durante un largo periodo de tiempo. Y aunque es posible, incluso después de que algo indeseado se ha manifestado, enfocarse y cambiar algo que no desean, es más difícil hacerlo después de que se ha manifestado. Una comprensión de la ayuda que pueden prestarle sus estados de sueño es ayudarlos a reconocer la dirección de sus pensamientos antes de que se materialicen en su vida. *Es mucho más fácil corregir la dirección de sus pensamientos cuando sus sueños se los indican, que cuando la indicación es la manifestación en la vida real.*

¿Debo aceptar lo bueno y lo malo de los demás?

Jerry: ¿Hasta qué punto somos parte de lo que atrae alguien con quien estamos asociados (deseado o indeseado)? Es decir, ¿qué tanto atrae en nuestras vidas lo que otra persona con quien tenemos una relación atrae en la suya, ya sea de las cosas que deseamos o de las cosas que no deseamos?

Abraham: Nada puede aparecer en sus vidas si ustedes no le prestan atención. La mayor parte de las personas, sin embargo, no son muy selectivas respecto a los aspectos de los demás a los cuales les prestan atención. En otras palabras, si adviertes *todo* lo de otra persona, entonces estás invitando *todos* esos aspectos en tu vida. Si le prestas atención solamente a las cosas que te gustan de los demás, entonces solamente invitas en tu vida esas cosas.

Si alguien está en tu vida, tú lo has atraído. Y aunque a veces es difícil creerlo, también atraes toda tu experiencia con esa persona, porque nada llega a tu vida sin que lo hayas atraído personalmente.

¿Debemos aplicar el mandato "no resistáis al que es malo"?

Jerry: ¿Entonces en verdad no hace falta que rechacemos lo negativo? ¿Solamente debemos atraer lo que deseamos?

Abraham: No es posible sacar a la fuerza las cosas que no desean en su vida, porque al luchar contra ellas lo que están haciendo en verdad es activando esa vibración y, por consiguiente, atrayéndolas. Todo en el Universo está basado en la atracción. En otras palabras, no existe la exclusión. Cuando gritan "¡no!" a algo que no desean, en verdad están invitando esas cosas indeseadas en su vida. Cuando gritan "¡sí!" a las cosas que desean, en verdad están invitando esas cosas deseadas en su vida.

Jerry: Es posible que ese sea el origen del mandato bíblico: "no resistáis al que es malo".

Abraham: *Si están resistiendo algo, se están enfocando en eso, luchando en su contra, activando su vibración y, por consiguiente, atrayéndolo.* Por lo tanto, no sería una buena idea hacer esto con las cosas que no desean. "No resistáis al que es malo" también sería algo que diría una persona lo suficientemente sabia como para comprender que lo que los humanos llaman "malo", no existe.

Jerry: Abraham, ¿cuál sería tu definición de la palabra *malo?*

Abraham: No habría razón para que la palabra *malo* estuviera en nuestro vocabulario, porque no hay nada de lo que nosotros estemos conscientes que denominaríamos con esa palabra. Cuando los humanos usan esa palabra, por lo general se refieren a "lo que se opone al bien." Hemos notado que cuando los humanos usan la palabra *malo,* se refieren a lo que para *ellos* es la idea opuesta a lo que es bueno o a lo que es Dios. Lo *malo* es lo que uno cree que no está en armonía con lo que ellos desean.

Jerry: ¿Y *bueno?*

Abraham: *Bueno* es lo que uno cree que ellos quieren. Bueno y malo son solamente formas de definir *deseado* e *indeseado.* Y *deseado* e *indeseado* solamente aplican al individuo que siente el deseo. Las cosas se complican cuando los humanos se involucran en los deseos de los demás, y se complican aun más cuando intentan *controlar* los deseos de los demás.

¿Cómo puedo saber lo que realmente quiero?

Jerry: Una de las preocupaciones más comunes que he escuchado a través de los años, es que las personas me dicen: "pero es que no sé lo que quiero." ¿Cómo *podemos saber* lo que realmente queremos?

Abraham: Ustedes vinieron a esta experiencia de vida física con la intención de experimentar la variedad y el contraste con el puro propósito de determinar sus preferencias y deseos personales.

Jerry: ¿Podrías darnos una idea de un proceso que podamos usar para descubrir lo que queremos?

Abraham: Sus experiencias les están ayudando continuamente a identificar lo que desean. Incluso cuando están muy claros sobre algo que *no* desean, en ese momento están más claros sobre lo que *sí* desean. Y es útil declarar: "quiero saber lo que deseo", porque en la percepción consecuente de esa intención se intensifica el proceso de atracción.

Jerry: Entonces la persona que me está diciendo "quiero saber lo que deseo," ¿está en ese momento comenzando a descubrir lo que desea?

Abraham: A través de las experiencias, no puedes hacer otra cosa distinta a identificar, desde tu perspectiva, tus opiniones y preferencias personales. "Prefiero esto a eso, me gusta eso más que esto, quiero vivir aquello. No quiero vivir lo otro." No puedes evitar llegar a tus propias conclusiones mientras filtras los detalles de tu propia vida.

No creemos que sea tan difícil para la gente decidir lo que desean siempre y cuando crean que pueden obtenerlo..., porque no han comprendido la poderosa *Ley de Atracción* y, puesto que no son conscientes de su propia oferta vibratoria, no han experimentado el control consciente sobre las cosas que les ocurren en su experiencia. Muchas personas han vivido la desagradable experiencia de desear algo y han trabajado mucho para lograrlo, para luego alejarlo debido a que ofrecen pensamientos de carencia con más predominancia que los pensamientos de obtenerlo. Así, con el tiempo, comienzan a asociar el hecho de obtener cosas deseadas con trabajo arduo, lucha y desengaños.

Entonces, cuando dicen: "no sé lo que quiero," lo que en realidad están diciendo es: "no sé cómo obtener lo que quiero," o "no estoy dispuesto a hacer lo necesario para obtener lo que quiero," y "en verdad no quiero trabajar duro de nuevo, para luego desilusionarme por no haberlo obtenido"

Declarar: "¡quiero saber lo que deseo!" es el primer y más poderoso paso en la *Creación Deliberada*. Pero, después, dirigir deliberadamente su atención hacia las cosas que desean en su vida, debe ser el siguiente paso.

La mayoría de las personas no dirigen deliberadamente sus pensamientos hacia la dirección de las cosas que desean, sino que lo que hacen es observar lo que pasa a su alrededor. Entonces, cuando ven algo que les agrada sienten emoción positiva y cuando ven algo que les desagrada, sienten emoción negativa. *Pocos han comprendido que pueden controlar la forma como se sienten, y afectar de manera positiva las cosas que les llegan a su vida al dirigir deliberadamente sus pensamientos. Pero, no están acostumbrados a hacerlo pues esto toma práctica.* Esa es la razón por la cual les sugerimos que hagan el *Proceso del Taller Creativo*. Al dirigir deliberadamente sus pensamientos y crear escenarios mentales agradables en su propia mente que induzcan emociones agradables en su interior, comienzan a cambiar su propio *punto de atracción*.

El Universo, el cual está respondiendo a los pensamientos que ustedes tienen, no distingue entre un pensamiento relacionado con algo que ustedes observan basado en su realidad o un pensamiento que esté en su imaginación. En ambos casos, el pensamiento equivale a su punto de atracción, y si se enfocan durante un tiempo suficiente en él, se convertirá en su realidad.

Quería azul y amarillo y me llegó verde

Cuando están claros sobre *todo* lo que desean, obtienen *todos* los resultados que desean. Pero con frecuencia, ustedes no tienen claridad total. Dicen, por ejemplo: "Deseo el color amarillo y el color azul." Pero terminan recibiendo el verde. Y luego dicen: "¿Cómo fue que obtuve el verde? Esa no era mi intención en absoluto." Comprendan que eso resultó ser la mezcla de otras intenciones. (Por supuesto, mezclar el amarillo con el azul da como resultado el color verde.)

Y así, de igual forma (en un nivel inconsciente), hay una mezcla de intenciones que está ocurriendo continuamente en su interior, pero es tan compleja que su mecanismo mental consciente no puede clasificarlo todo. No obstante, su *Ser Interior sí puede* y les puede ofrecer las emociones para que lo guíen. Lo único que tienen que hacer es prestarle atención a sus emociones, y dejarse atraer por las cosas que los hacen sentir bien o que les parecen buenas, mientras que se alejan de las cosas que no desean.

Cuando haya practicado un poco aclarar sus intenciones, se encontrarán al puro comienzo de sus relaciones con los demás, sabiendo si lo que ellos están ofreciendo es valioso o no. Sabrán si deben o no invitarlos a su experiencia.

¿Cómo atrae la víctima al ladrón?

Jerry: Puedo entender que los ladrones se sientan atraídos hacia aquellos que roban, pero es difícil ver a víctimas inocentes (tal como se les denomina) *atrayendo* el robo, o a una persona que está siendo discriminada, atraer el prejuicio.

Abraham: Pero lo son de igual manera. El que es asaltado y el asaltador son cocreadores del evento.

Jerry: Entonces, ¿uno de ellos está pensando lo que *no* desea y *obteniéndolo,* y el otro está pensando en lo que *desea* y lo obtiene (la esencia vibratoria)? En otras palabras, ellos serían lo que ustedes llaman una pareja vibratoria?

Abraham: No importa si desean o no saber los detalles del asunto, es la esencia vibratoria del tema de su atención lo que se atrae. *Obtienen lo que de verdad verdad desean y obtienen lo que de verdad verdad no desean.*

La única manera de evitar desarrollar un pensamiento emocional poderoso respecto a algo, es no tener ese primer pensamiento no tan poderoso el cual es luego aumentado por la *Ley de Atracción*.

Digamos que leen en el periódico acerca de alguien que ha sido asaltado. A menos que lean un recuento detallado que les produzca una fuerte emoción en su interior, leer el título o escuchar acerca de él no necesariamente los coloca en la posición de atraerlo. Pero si lo leen en el diario o lo ven en la televisión o hablan de ese tema con los demás, comienzan a sentir una respuesta emocional al respecto, y luego comienzan a atraer hacia ustedes una experiencia similar.

Cuando escuchan hablar de las estadísticas sobre los porcentajes de la población que ha sido víctima de robos este año, deben comprender que las cifras son tan elevadas y cada vez se incrementan porque la mayoría de las personas están siendo estimuladas por esos pensamientos. Esas *advertencias* no los protegen de los robos, sino que los hacen posibles víctimas. Esas personas hacen muy buen trabajo al concientizarlos de la prevalencia de robos, atrayendo esa percepción a su atención una y otra vez, haciendo que ustedes no solamente sientan emociones al respecto sino que, además, esperen que les ocurra. *No es de sorprender estonces que obtengan tantas cosas que no desean, si le prestan tanta <u>atención</u> a las cosas que no desean...*

Les recomendamos que si escuchan hablar de un asalto, digan: "Esa es la experiencia de otros. Yo no lo escojo ." Y luego liberen el pensamiento de lo que *no* desean y piensen en lo que *desean*, porque *obtienen lo que piensan, lo deseen o no.*

Ustedes se manifestaron en este ambiente con muchas otras personas, porque deseaban vivir la maravillosa experiencia de la cocreación. Pueden atraer de entre la población a aquellas personas con quienes podrían crear de manera más positiva, y pueden atraer con las personas en su vida las experiencias que desean crear. *No es necesario, ni posible, esconderse ni evitar a las personas o a las experiencias indeseadas, pero es posible atraer solamente a las personas y a las experiencias que les agraden.*

Decidí mejorar mi vida

Jerry: Recuerdo que cuando era niño tenía muy mala salud, mi cuerpo era muy débil; y luego cuando era adolescente, me decidí a hacerlo, y lo hice: fortalecí mi cuerpo y aprendí a defenderme por mí mismo. Practiqué las artes marciales y me volví muy bueno en la defensa personal.

Desde la adolescencia hasta que cumplí los 33 años, casi no pasó una semana en la cual yo no tuviera que usar mis "puños," para golpear a alguien en la cabeza. Después de cumplir 33 años, y leer (en *La Antología Talmúdica*) acerca de lo contraproducente que era la venganza, entonces tomé algunas decisiones importantes. Una de ellas era que iba a dejar de vengarme y desde entonces no he vuelto a golpear a nadie. En otras palabras, todas esas personas que yo pensaba que estaban molestando a los demás y comenzando peleas conmigo, desde el día en que dejé de pelear (física y mentalmente), esas personas que provocaban peleas, dejaron de aparecer en mi vida.

Abraham: Entonces cuando cumpliste 33 años cambiaste la dirección de tu atracción. A través del proceso de vivir tu vida y de tener esas peleas, semana tras semana, estabas llegando a muchas conclusiones sobre lo que deseabas y lo que no deseabas. Y aunque no estabas consciente de ello, con cada pelea que vivías estabas cada vez más claro de que no deseabas esas experiencias.

No te gustaba sentirte herido, no te gustaba herir a los demás; y a pesar de que siempre sentías una justificación en tus razones para pelear, nacían en tu interior nuevas preferencias. La atracción hacia el libro que mencionaste llegó en razón de esas intenciones. Y cuando leíste ese libro, te respondió las preguntas que habías estado formulando en tu interior en muchos niveles de tu Ser. Y cuando llegaron esas respuestas, se aclaró una nueva intención y nació en tu interior un nuevo *punto de atracción*.

¿Qué hay tras nuestros prejuicios religiosos y raciales?

Jerry: ¿Por qué existen los prejuicios?

Abraham: A menudo sentimos que existen personas que no gustan de ciertas características de otros seres, y que en su disgusto hacia esas características, son responsables de los prejuicios. Deseamos señalar que no solamente es obra del que es acusado de prejuicio. Ocurre más seguido que el que se *siente* discriminado es el creador más poderoso de la experiencia.

El Ser que siente rechazo de parte de los demás, por la razón que sea, ya sea religión, raza, género, o estatus social, no importa la razón por la cual siente que está siendo discriminado, está atrayendo su problema hacia el tema del prejuicio.

¿Se atraen los "polos iguales" o los "polos opuestos"?

Jerry: Abraham, hay una frase que no parece estar de acuerdo con lo que hemos escuchado de tu parte. Y esa frase es: "los polos opuestos se atraen." Eso parece distinto a lo que nos enseñas, con relación a que "lo similar se atrae." Por ejemplo, los opuestos parecen atraerse, como cuando un hombre extrovertido se casa con una mujer tímida o cuando una mujer extrovertida se siente atraída por un hombre tímido.

Abraham: Todo lo que ven y todas las personas que conocen envían señales vibratorias, y esas señales deben concordar antes de que ocurra la atracción. Por eso, incluso en una situación en donde las personas parezcan muy distintas, hay una base dominante de similitud vibratoria que hace que se junten. Es la *Ley*. Entre todas las personas hay vibraciones de lo que desean y vibraciones de la carencia de lo deseado, y todo lo que llega a sus vidas concuerda con las vibraciones que son predominantes. No hay excepciones.

Tratemos el tema de la palabra *armonía*. Cuando dos personas son exactamente iguales, sus intenciones no pueden ser realizadas. En otras palabras, uno que desea vender no atraería a otra persona que también desee vender. Pero atraer a un comprador causaría *armonía*.

El hombre tímido atrae a la mujer extrovertida porque su *intención* es ser más extrovertido, entonces está atrayendo el *tema* de su intención.

El sartén imantado, cuya esencia es hierro, atraerá a otro objeto cuya esencia sea hierro (ya sea una tuerca, un clavo u otro sartén de hierro) pero no atraerá otro sartén que sea de cobre o aluminio.

Cuando ustedes sintonizan el receptor en la frecuencia de radio 98.7FM, no pueden escuchar la señal de la emisora 630AM de una torre radial. Las frecuencias deben concordar.

No hay evidencia vibratoria en ninguna parte del Universo que apoye la idea de que los opuestos se atraen. No lo hacen.

¿Y qué ocurre cuando lo que antes se sentía bien ahora se siente mal?

Jerry: ¿Cómo es que algunas personas parecen eventualmente atraídas por algo que de verdad verdad querían, pero luego, cuando llega, descubren que resultó ser una situación negativa? Eso les ocasiona sufrimiento.

Abraham: Con frecuencia, desde un lugar muy lejano al deseado, las personas deciden lo que quieren. Pero en vez de enfocarse en ese deseo y de practicar su vibración hasta que logren la alineación vibratoria con su verdadero deseo, y de permitir que la *Ley de Atracción* se expanda en el Universo y les brinde resultados en perfecto acuerdo a su deseo, se impacientan y tratan de *hacer* que ocurran las cosas iniciando una acción precoz. No obstante, cuando toman acción antes de mejorar el contenido de su vibración, lo que obtienen es algo que concuerda con su estado actual de vibración en vez de algo que concuerda con su deseo.

Hasta que no practiquen su vibración, a menudo hay un espacio entre la vibración de lo que en verdad desean y la vibración de lo que están ofreciendo. Sin embargo, sin excepción, lo que les llega siempre concuerda con la vibración de lo que están ofreciendo.

Por ejemplo, digamos que una mujer acaba de terminar con una mala relación en donde su pareja la abusaba física y verbalmente. Ella no quería ni le gustaba esa situación. De hecho, ella odiaba la vida que llevaba con esa persona. Entonces, desde el lugar en donde ella sabía verdaderamente lo que *no* deseaba, declaró con claridad lo que *deseaba*: una pareja que la ame y la trate con cariño y respeto. Ella se siente insegura sin pareja, y desea de inmediato una nueva pareja. Por esta razón, acude a un lugar en donde está acostumbrada a conocer gente y allí encuentra a una persona que parece muy simpática. Lo que podría no comprender es que la *Ley de Atracción* sigue todavía emparejándola con lo que es dominante en ella. Y ahora mismo, lo que predomina en ella es la vibración de lo que no desea porque las partes indeseadas de su última relación, están mucho más activas en sus pensamientos que las nuevas intenciones que ha establecido. En su afán por aliviar sus sentimientos de inseguridad, toma acción y salta de lleno en una nueva relación, así obtiene *más* de lo que es dominante en su vibración.

Le recomendaríamos que se tome las cosas con más calma y pase más tiempo pensando en lo que desea, hasta que esos pensamientos sean la base de la vibración dominante en su interior. Y luego, la *Ley de Atracción* le entregará un nuevo hombre maravilloso.

Jerry: Bien, eso tiene mucho sentido. Es como cuando solíamos decir: "Le llegó su merecido."

Abraham: Ese es el valor del *Proceso del Taller Creativo*. Cuando vas a tu *Taller*, visualizando *todas* las maravillosas posibilidades, dejando que tus emociones se expresen cuando estés tratando el tema que de veras deseas, y luego trabajas en permanecer enfocado en donde te sientes bien, entonces no te ocurrirán cosas como la de esa mujer. Descubrirás cómo hacer que lo que *deseas* sea tu vibración dominante, y luego cuando la *Ley de Atracción* concuerde con esos pensamientos que has venido practicando, no te sorprenderás. De hecho, comenzarás a reconocer (la manifestación de) las cosas maravillosas que has venido practicando en tu mente.

¿Está todo compuesto de pensamientos?

Jerry: ¿Están todas las cosas y las personas compuestas *de* pensamientos o *por* pensamientos? ¿O ninguna de las dos cosas?

Abraham: Ambas. El pensamiento puede ser atraído por otros pensamientos a través de la *Ley de Atracción*. El pensamiento es la vibración activada a través de la *Ley de Atracción*. El pensamiento es la sustancia o la manifestación, y también es el vehículo a través del cual todas las cosas son atraídas o creadas.

Observen su mundo como una especie de cocina muy bien dotada, en donde todos los ingredientes posibles han sido considerados, pensados o deseados, y existen en abundancia, en cantidades ilimitadas. Véanse como un chef, obteniendo de los estantes de su cocina todos los ingredientes en las cantidades deseadas, y en donde ustedes mezclan todos los ingredientes para la creación de su pastel, el pastel que les agrada ahora mismo.

Deseo más alegría, felicidad y armonía

Jerry: ¿Qué pasa si alguien les dice: "Abraham, deseo ser más alegre. Cómo puedo usar sus enseñanzas para atraer más alegría, felicidad y armonía en mi vida?"

Abraham: Primero que todo, felicitaríamos a esa persona por haber descubierto el deseo más importante de todos: *el anhelo de alegría.* Porque en la búsqueda y en el descubrimiento de la alegría, no solamente se encuentra el alineamiento perfecto con su *Ser Interior* y con quiénes-son-en-realidad, sino que también descubren alineamiento vibratorio con todas las cosas que desean.

Cuando la alegría es verdaderamente importante para ustedes, no se permitan enfocarse en las cosas que no los hacen sentir bien; y el re-

sultado de pensar solo en lo que les hace sentir bien, hace que creen una vida maravillosa llena de todas las cosas que desean.

Cuando mantienen el deseo de estar alegres y son sensibles a lo que sienten y, por consiguiente, guían sus pensamientos hacia la dirección de las cosas que los hacen sentir cada vez mejor, mejoran su vibración, y su *punto de atracción* se convierte en un punto de atracción —por medio de la *Ley de Atracción*— de las cosas que desean.

La clave para una vida alegre, es guiar deliberadamente sus pensamientos, pero el mejor plan es el deseo de sentir alegría, porque al alcanzarla, encontrarán los pensamientos que atraen la maravillosa vida que desean.

¿No es egoísta desear más alegría?

Jerry: Algunas personas podrían decir que una persona que desea estar alegre todo el tiempo es una persona muy egoísta, puesto que desear alegría es algo negativo.

Abraham: *A menudo nos acusan de enseñar egoísmo, y siempre estamos de acuerdo, porque ustedes no pueden percibir la vida desde una perspectiva distinta a la propia.* El egoísmo es la esencia del ser. Es el cuadro que ustedes tienen de sí mismos. Cuando se están enfocando en ustedes o en otra persona, lo están haciendo desde su punto vibratorio egoísta, y lo que sea que sienten es su *punto de atracción*.

Entonces, desde su perspectiva del ser, se enfocan de manera que se sientan bien, luego su *punto de atracción* es tal, que las cosas que están atrayendo —por medio de la *Ley de Atracción*— les agradan.

Si, no obstante, no son lo suficientemente egoístas como para insistir en enfocarse en cosas que los hagan sentir bien y solamente se enfocan en las cosas que los hagan sentir mal, entonces su *punto de atracción* es tal que estarían atrayendo cosas negativas, y no se sentirán bien cuando estén en esa situación.

A menos que sean lo suficientemente egoístas como para interesarse

por la manera en que se sienten y, por consiguiente, dirigir sus pensa-
mientos de tal manera que permitan una verdadera conexión con su Ser
Interior, entonces, de todas maneras, no tendrán nada que ofrecerle a
nadie.

Todo el mundo es egoísta. No es posible ser de otra manera.

¿Qué es más ético: dar o recibir?

Jerry: Parece entonces que ustedes ven igual de bueno y alegre
tanto *el dar* como *el recibir.* Es decir, ¿no ven que uno de ellos sea
moralmente superior al otro?

Abraham: Como consecuencia de la poderosa *Ley de Atracción,*
todo lo que dan —por medio de su oferta vibratoria— también lo
reciben... *La Ley de Atracción siempre cataloga y atrae hacia todas las*
personas el producto que concuerde con sus pensamientos. Entonces,
cuando piensan en el Bienestar, siempre reciben su equivalente.
Cuando ofrecen pensamientos de odio, la *Ley de Atracción* no puede brindarles resultados amorosos. Eso desafía la *Ley.*

Con frecuencia, cuando las personas hablan de dar y recibir, se
están refiriendo a regalos o a acciones o a cosas materiales; pero la
Ley de Atracción no está respondiendo a sus palabras o a sus acciones, sino a la vibración que es la base de esas palabras y acciones.

Digamos que ves a alguien que necesita algo. Quizá esa persona no tiene dinero o medio de transporte o comida. Y cuando lo
ves, te sientes triste (porque te enfocas en su carencia y la activas
en tu propia vibración), y desde esa posición de tristeza le ofreces
una acción: dinero o comida. La vibración que estás transmitiendo
le está diciendo en verdad: *lo estoy haciendo por ti porque no puedes*
hacerlo por ti mismo. Tu vibración está enfocada, en realidad, en su
carencia de Bienestar y, por consiguiente, aunque le ofrezcas dinero
o comida a través de tus obras, *tu oferta dominante está perpetuando*
su carencia.

Les sugerimos que se tomen el tiempo para imaginar a esa
persona en una mejor situación. Practiquen el pensamiento de
verla victoriosa y feliz en su propia mente, y una vez que sea esa

la vibración dominante respecto a la persona, entonces ofrezcan cualquier tipo de acción que deseen. En ese caso, al ser esa la vibración dominante de su Ser, mientras esa persona sea el objeto de su atención, estarán atrayendo una vibración correspondiente a su Bienestar. Es decir, ustedes la animarán a sentirse mejor. La asistirán para encontrar la vibración que concuerde con su deseo de Bienestar, en vez de la vibración que concuerde con su situación actual. Desde nuestro punto de vista, es la única manera de *dar* que tiene valor alguno.

Entonces, la pregunta no es; "¿qué es más moral: dar o recibir?" La pregunta es: "¿qué es más moral: enfocarse en lo *deseado* o en lo *indeseado?*" "¿qué es más moral: estimular a los demás creyendo que pueden conseguir el éxito o incrementar su desánimo pensando en la posición en que se encuentran?" "¿qué es más moral: estar alineado con mi *Ser Interior* y tomar acción o estar desalineado y tomar acción?" "¿qué es más moral: incrementar el éxito de alguien o su fracaso?"

El mejor regalo que uno puede ofrecerle a alguien, es el don de creer en que esa persona puede conseguir el éxito.

Hay tantos mundos distintos como hay individuos o seres. Ustedes no están aquí para crear un mundo en donde todos sean iguales, deseen u obtengan lo mismo. Están aquí para ser lo que desean ser, mientras que dejan que los demás sean lo que *ellos* quieran ser.

¿Y qué tal que todo el mundo obtenga lo que desea?

Jerry: Permítanme jugar ahora al abogado del diablo. Si todos los seres egoístas del planeta obtuvieran todo lo que desean para ellos, ¿qué clase de desastre sería el planeta?

Abraham: No sería ni es un "desastre" en lo más mínimo. Porque a través de la *Ley de Atracción*, atraerían a aquellos que estuvieran en armonía con *sus* intenciones. Ustedes viven en un lugar muy bien equilibrado. Hay un poco de todo aquí, en proporciones, abundancia y diferencias suficientes como para ofrecerles todos los ingredientes para esta maravillosa y vasta "cocina" en la cual han venido a participar.

¿Cómo puedo ayudar a las personas que sufren?

Jerry: Yo llevo una vida alegre y gloriosa, pero a menudo estoy consciente de que hay mucha agonía en el mundo que me rodea. ¿Qué puedo hacer para que esta vida sea una experiencia menos dolorosa para *todos*?

Abraham: No puedes crear en la experiencia de los demás, porque no puedes pensar por ellos. Son los pensamientos que e-llos tienen, las palabras que pronuncian o los actos que realizan lo que les brinda la respuesta emocional (agonía) de parte de su *Ser Interior. Ellos están creando su propia agonía al pensar en las cosas que no desean.*

Lo que *sí* puedes hacer por ellos es darles el ejemplo de la alegría. Conviértete en un Ser que *piensa* solamente en lo que de-seas, que *hablas* solamente de lo que deseas, que *haces* solamente lo que deseas y, por lo tanto atraes a tu vida solamente emociones de alegría.

Jerry: Puedo hacerlo. Puedo enfocarme en lo que deseo, en esa alegría y puedo aprender a permitirles que creen la experiencia que deseen. Entonces, ¿sería justo decir que si me enfoco en su expe-riencia dolorosa, crearía entonces dolor en mi propia experiencia? Y luego, estaría creando *ese* ejemplo, el ejemplo de una experiencia dolorosa.

Abraham: Digamos que alguien que está sufriendo llega a tu vida y lo ves en su situación de sufrimiento, y brota de tu interior el deseo de que esa persona encuentre la salida a su situación de dolor, ocurriendo entonces que su dolor solo llega a tocarte ligera-mente mientras identificaste con rapidez tu deseo de una solución jovial. *Si en ese momento giras tu atención total hacia la resolución* *victoriosa de su situación dolorosa, no sentirás dolor, y podrías ser un catalizador para inspirarlo a encontrar una solución. Esto es un ejemplo de lo que significa verdaderamente dar ánimo a alguien. Sin embargo, si solamente te enfocas en su dolor o en la situación que ha originado ese dolor, activarás la vibración que concuerda con eso y también comenzarás a sentir el dolor de atraer lo que no deseas.*

¿La clave es dar un ejemplo de alegría?

Jerry: ¿La clave es solamente seguir buscando mi alegría? ¿Dar el ejemplo y permitir que los demás, *permitirles verdaderamente,* que tengan la experiencia que escojan para ellos (de cualquier forma que la escojan)?

Abraham: No tienes otra opción más que permitirles vivir lo que están atrayendo, porque no puedes pensar por ellos ni vibrar por ellos y, por lo tanto, no puedes atraer por ellos.

Permitir verdaderamente, es mantener tu propio equilibrio, tu propia alegría, no importa lo que los demás hagan. Entonces, la ventaja que les ofreces es que mientras te mantienes en equilibrio, conectado con tu propio *Ser Interior,* alineado con los maravillosos recursos vitales que nos ofrece el Universo y al ser ellos tu objeto de atención, los beneficias. Mientras mejor te sientes cuando piensas en los demás, mayor será tu influencia positiva.

Sabrás cuando has alcanzado el punto en que estás *Permitiendo* que ellos sean, hagan o tengan lo que desean (o lo que no desean), cuando estás consciente de lo que están haciendo, y no sientes ninguna emoción negativa al respecto. *Cuando eres un <u>Permisor</u>, sientes alegría al observarlo todo.*

Con tus preguntas nos has ayudado a explicar las tres *Leyes* que son tan importantes.

La *Ley de Atracción* está respondiendo a la vibración de tus pensamientos.

Cuando ofreces tus pensamientos escogiendo los que te hacen sentir bien, permites tu conexión con tu *Ser Interior,* con quién-eres-en-verdad. Cuando estás conectado a quién-eres-en-verdad, todo aquel en quien pienses, se beneficia. Y, por supuesto, ¡te sientes alegre!

Con el tiempo, estás tan consciente de lo que sientes y te vuelves tan adepto a pensar *deliberadamente*, que estarás predominantemente en el estado de atracción positiva. Y entonces (*solo* entonces en verdad) te sentirás bien al dejar que los demás creen lo que decidan crear. *Cuando comprendes que las cosas indeseadas no pueden imponerse en tu existencia, sino que todo es invitado por ti a través de tus pensamientos, jamás te sentirás amenazado por lo que otros hayan escogido vivir, incluso si esas personas están muy cerca de ti, porque ellos no pueden ser parte de tu experiencia.*

¿Es posible pensar negativo y sentirme positivo?

Jerry: Entonces, ¿cómo puedo prestar prestarle atención, o pensar en algo negativo y no sentir una respuesta emocional negativa al respecto?

Abraham: No puedes. Y te sugerimos que no lo intentes. En otras palabras, decir *nunca* tengo una emoción negativa sería lo mismo que decir: "No tengo un *Sistema de Guía*. No le prestes atención a tu *Sistema de Guía Emocional.*" Y eso es lo opuesto a lo que estamos diciendo. Queremos que estén conscientes de sus emociones y luego guíen sus pensamientos hasta que sientan alivio.

Cuando te enfocas en un pensamiento (ligeramente negativo), sientes una emoción negativa (indeseada). Y si eres sensible a la forma en que te sientes y deseas sentirte mejor, cambiarás ese pensamiento. Es fácil cambiarlo cuando es un pensamiento incipiente con una emoción incipiente. Es mucho más difícil cambiarlo cuando es un pensamiento intenso y, por consiguiente, una emoción intensa. La emoción será proporcional, en intensidad, a la cantidad de pensamiento que has acumulado por la *Ley de Atracción*. Mientras más tiempo permaneces enfocado en lo que no deseas, mayor y más poderoso será ese pensamiento. Pero si eres sensible a tus emociones y retiras rápidamente la atención al tema indeseado, comenzarás a sentirte mejor y dejarás de atraer lo indeseado.

¿Qué palabras ayudan a estar en el Bienestar?

Jerry: ¿Podrían decirnos algunas palabras que podamos usar para ayudarnos a atraer una variedad de cosas, como una salud perfecta...?

Abraham: *¡Deseo una salud perfecta! Me gusta sentirme bien. Disfruto mi cuerpo sintiéndose bien. Tengo muchos recuerdos positivos de sentirme bien en mi cuerpo. Veo a muchas personas quienes están claramente en buena salud, y es fácil ver lo mucho que disfrutan sentirse bien en sus cuerpos. Cuando lo pienso, me siento bien. Estos pensamientos están en armonía con un cuerpo saludable.*

Jerry: ¿Y respecto a la prosperidad económica?

Abraham: *¡Deseo prosperidad económica! Hay tantas cosas maravillosas que están disponibles en este mundo maravilloso; y la prosperidad económica abre las puertas a muchas de esas cosas. Como la Ley de Atracción responde a mis pensamientos, he decidido enfocarme predominantemente en la abundancia que es posible, comprendiendo que es solo cuestión de tiempo antes de que mis pensamientos de prosperidad concuerden con el flujo de prosperidad económica. Puesto que la Ley de Atracción atraerá el objeto de mi atención, escojo la abundancia.*

Jerry: ¿Y relaciones maravillosas?

Abraham: *Quiero relaciones maravillosas. Disfruto mucho de personas agradables, inteligentes, divertidas, llenas de energía, motivadoras, y me encanta saber que esas personas abundan en este planeta. He conocido a muchas personas interesantes, y adoro descubrir las características fascinantes de las personas que conozco. Parece que mientras más disfruto de las personas, llegan más personas a mi vida con las cuales disfruto. Me encanta este periodo de espectacular cocreación.*

Jerry: ¿Y respecto a las experiencias positivas con lo No Físico?

Abraham: *Deseo atraer a aquellos que estén en armonía conmigo, tanto en lo Físico como en lo No Físico. Estoy fascinado con la Ley de Atracción y siento alivio al saber que cuando me siento bien, solamente puedo atraer lo que me hace sentir bien. Me encanta comprender que la base de todo aquello que es No Físico, es Energía pura y positiva. Me encanta usar mi Sistema de Guía Emocional para poder tener una cita con esa Fuente.*

Jerry: ¿Y crecimiento continuo y alegre?

Abraham: *Soy un Ser en pos del crecimiento; y es fascinante recordar que la expansión no solo es natural sino inevitable. Me encanta saber que la alegría es simplemente una opción. Entonces, puesto que mi expansión es inevitable, opto por vivirla por completo en alegría.*

Jerry: ¿Y lo que atraería estas cosas?

Abraham: Tus *palabras* no te traerán la manifestación inmediata de lo que estás pidiendo, pero mientras más a menudo las digas y mientras mejor te sientas mientras las dices, más pura o menos contradictoria será tu vibración. Y pronto tu mundo estará lleno de esas cosas de las que tanto hablas... *Las palabras no atraen por sí mismas, pero cuando sientes una emoción al hablar, significa que tu vibración es fuerte, y la Ley de Atracción debe responder a esas vibraciones.*

¿Cuál es la medida de nuestro éxito?

Jerry: ¿Qué ven ustedes como éxito? ¿Cuál dirían ustedes que es la característica del *éxito?*

Abraham: El logro de cualquier cosa que deseen debe considerarse como un éxito, ya sea un trofeo, dinero, relaciones o cosas.

Pero si ustedes permiten que su estándar de éxito sea el logro de sentirse alegres, todo lo demás caerá en su lugar. Porque en la búsqueda de la alegría, encontrarán alineamiento vibratorio con los recursos del Universo.

No puedes sentir alegría mientras estés enfocado en algo que no deseas, o en la carencia de algo que deseas, por lo tanto, mientras sientes alegría, nunca estarás en estado de vibración contradictoria. Y solamente la contradicción en tus propios pensamientos y en tu vibración pueden alejarte de las cosas que deseas.

Nos causa gracia ver que la mayoría de las personas pasan la mayor parte de sus vidas buscando una serie de reglas para medir sus vidas, buscando fuera de sí mismos quienes les digan lo que es correcto o incorrecto, cuando todo el tiempo tienen en su interior un *Sistema de Guía* que es sofisticado, complejo, exacto y totalmente disponible.

Al prestarle atención a este *Sistema de Guía Emocional* y buscar el pensamiento que los haga sentir mejor, pueden descubrir ahora mismo el lugar en el que se encuentran y permitir que su perspectiva más elevada les ayude a moverse en dirección a las cosas que desean verdaderamente.

Mientras filtran el contraste magnificente de su realidad física de espacio y tiempo, con la conciencia de lo que sienten y guiando deliberadamente sus pensamientos hacia aquellos que los hacen sentir cada vez mejor, con el tiempo comenzarán a ver su vida a través de los ojos de su *Ser Interior* más elevado. Y al hacerlo, sienten la satisfacción del Ser en el sendero que escogieron desde su perspectiva No Física cuando tomaron la decisión de manifestarse en este cuerpo maravilloso. Porque, desde su punto de vista No Físico, ustedes comprendían la naturaleza siempre evolutiva de su Ser y la promesa que ofrecía este ambiente contrastaste de la Percepción Avanzada. Ustedes comprendían la naturaleza de su magnificente Sistema de Guía y cómo, con práctica, podían ver este mundo como lo ve su *Ser Interior*. Comprendían la poderosa *Ley de Atracción*, la justicia y la exactitud con la cual responde al libre albedrío de sus creadores.

Al buscar el pensamiento que los haga sentir mejor, se reco-

nectan con esa perspectiva y tiemblan de emoción al reconectarse
con su propósito, con su pasión por la vida y con ¡ustedes!

❧❧❧ ❧❧❧

TERCERA PARTE

La *Ciencia de la Creación Deliberada*

La *Ciencia de la Creación Deliberada:* Definición

Jerry: Abraham, nos han hablado de la *Creación Deliberada.* ¿Nos explican, por favor, su valor y nos aclaran a qué se refieren por *Creación Deliberada?*

Abraham: La hemos llamado la *Ciencia de la Creación Deliberada* porque asumimos que ustedes desean crear intencionalmente. Pero en verdad, es más apropiado llamarla *Ley de la Creación* porque funciona, ya sea que estén pensando en lo que desean o en lo que no desean; es decir, en la carencia de lo que desean (ustedes escogen la dirección de sus pensamientos), la *Ley de la Creación* se activa según lo que ustedes estén pensando.

Desde su perspectiva física, esta ecuación de Creación tiene dos partes importantes: el lanzamiento del pensamiento y la expectativa del pensamiento: el *deseo* de su Creación y el *permitir* su Creación. Desde nuestra perspectiva No Física, experimentamos ambas partes de esta ecuación simultáneamente, porque no hay espacio entre el deseo y lo que verdaderamente deseamos.

La mayoría de los seres humanos no están conscientes del poder de sus pensamientos, de la naturaleza vibratoria de su Ser o de la poderosa *Ley de Atracción,* y entonces observan sus *acciones* para hacer que todo se realice. Y aunque estamos de acuerdo en que la acción es un componente importante del mundo físico en el cual se han enfocado, no es a través de la acción que ustedes crean su experiencia física.

Cuando comprendes el poder del pensamiento y lo practicas deliberadamente, descubres la influencia poderosa de crear que solamente proviene de *desear* y *permitir.* Cuando cimientas o anticipas positivamente con tus pensamientos, la cantidad de acción requerida es menor y la acción es mucho más satisfactoria. Si no te tomas el tiempo de alinear tus pensamientos, se requerirá mucha más acción sin resultados satisfactorios.

Sus hospitales están llenos hasta más no poder de personas que están ahora tomando acción para compensar pensamientos inapropiados. Ellos no crearon su enfermedad a propósito, pero sí la crearon a través de pensamientos y expectativas; y luego fueron al hospital para tomar una acción física que compense su Creación. Vemos a muchas personas gastar su tiempo intercambiando sus acciones por dinero, porque el dinero es esencial para la libertad de vida en esta sociedad. Y, sin embargo, en la mayoría de los casos, la acción no es una acción alegre. Es un intento de compensar un pensamiento desalineado.

Ustedes desearon la acción; es parte de las delicias de este mundo físico en el cual habitan. Pero ustedes no desearon crear a través de la acción física, tuvieron el propósito de usar su cuerpo para disfrutar de lo que han creado a través de sus pensamientos.

Cuando programas tus pensamientos con antelación, sintiendo emoción positiva, estás emprendiendo tu Creación, y cuando caminas a través del tiempo y del espacio hacia la manifestación en el futuro, esperando que esté ahí..., entonces, *desde esa Creación gozosa que has emprendido hacia el futuro, te sentirás inspirado para llevar a cabo la acción que es acción en alegría.*

Cuando tomas acción en tu ahora y no es acción en alegría, te prometemos con absoluta certeza que no tendrás un final feliz. No es posible: desafía la *Ley.*

En vez de alistarse para tomar acción para lograr las cosas que desean, les decimos que *piensen* en ellas realizándose, *véanlas,* vi-

sualícenlas, espérenlas y *serán.* Y serán guiados, inspirados o dirigidos hacia la acción perfecta que realizará el proceso que los guiará hacia lo que anhelan... y hay una gran diferencia entre lo que les acabamos de decir y la forma en que el mundo marcha.

Lo invité a mi vida al pensar en eso

Con frecuencia, cuando comenzamos a impartir nuestros conocimientos a nuestros amigos físicos respecto al *Proceso de la Creación Deliberada,* nos encontramos con resistencia porque hay personas que tienen cosas que no desean en sus vidas. Y cuando nos escuchan decir: "Todas las cosas son invitadas por ustedes", protestan y dicen: "Abraham, yo no invitaría esto, ¡porque no lo quiero!"

Entonces les ofrecemos con gusto esta información para ayudarlos a entender *cómo* están obteniendo lo que están obteniendo, para que puedan ser más deliberados al atraerlo, y puedan atraer *conscientemente* esas cosas que *sí* desean, mientras que evitan atraer las cosas que *no* desean.

Sabemos que no están invitando, atrayendo o creando intencionalmente. Pero les decimos que ustedes son el convidador, el atrayente y el creador... porque lo hacen al pensar. *Inconscientemente lo* piensan y luego las *Leyes* que ustedes no comprenden, responden a sus pensamientos originando los resultados que igual ustedes no comprenden. Y esa es la razón por la cual hemos venido a ustedes: a hablarles de las *Leyes Universales* para que puedan comprender *cómo* es que están obteniendo lo que están obteniendo, y de igual modo, comprender cómo recuperar el control *deliberado* de sus vidas.

La mayoría de los seres físicos están tan totalmente compenetrados con su mundo físico, que tienen muy poca conciencia de su relación con el mundo No Físico. Por ejemplo, deseas luz en tu habitación entonces enciendes el interruptor de la lámpara que está sobre tu mesita de noche, y observas cómo la luz inunda tu habitación. Luego les explicas a los demás: "Este interruptor origina la luz." Pero tú comprendes, sin que te expliquemos, que la explicación es mucho más compleja. Y así es con todas las cosas que estás experimentando en tu ambiente físico. Estás explicando solo una pequeña parte de lo que hace que las cosas pasen. Y nosotros estamos aquí para explicarles el resto.

Ustedes han surgido en su dimensión física, desde una perspectiva No Física más amplia con gran intención y propósito. Se han manifestado porque deseaban con ardor esa experiencia física. Esta no es la primera vez que tienen una experiencia así. Ustedes han tenido muchas experiencias tanto físicas como No Físicas. Y se han manifestado en ésta porque desean ampliar ese Ser siempre en evolución que ustedes-son-en-realidad, ese Ser que a través de ese cuerpo y a través de sus sentidos físicos pueden no conocer ahora..., pero es ese Ser, de hecho..., esa parte de *ustedes* que es más elevada, más extensa, que anhela el crecimiento y la alegría y está en constante evolución.

Mi *Ser Interior* se está comunicando conmigo

Deseamos recordarles que ustedes son los creadores de su experiencia y que hay una gran dicha en hacerlo deliberadamente. Deseamos ayudarles a recordar su relación con su parte No Física, con su *Ser Interior,* quien está consciente de ustedes y está involucrado con todo lo que hacen.

Ustedes no recuerdan los detalles de lo que han vivido antes de manifestarse en este cuerpo físico, pero su *Ser Interior* es totalmente consciente de lo que han logrado, y está ofreciéndoles continuamente información para ayudarlos a vivir de la forma más alegre posible en todos los momentos de la vida.

Al manifestarse en esta experiencia, no traes el recuerdo de lo que has vivido antes, porque esos detalles solo te servirían para distraerte del poder de tu *ahora.* Sin embargo, debido a la relación con tu *Ser Interior,* tienes acceso al conocimiento de esa perspectiva más amplia o a ese *Tú Total. Tu parte No Física más amplia se comunica contigo, y lo ha hecho desde el día en que te manifestaste en este mundo físico. Esa comunicación proviene en muchas formas, pero todos ustedes reciben la comunicación básica que acude en forma de emociones.*

Todas las emociones me hacen sentir bien... o mal

Todas las emociones que sienten, sin excepciones, son comunicaciones de su *Ser Interior* permitiéndoles saber, en el momento, la relevancia de lo que están pensando, hablando u obrando. En otras palabras, cuando *piensan* en algo que no está en armonía vibratoria con su intención general, su *Ser Interior* les ofrece emociones negativas. Cuando *hacen* o *dicen* algo que no está en armonía vibratoria con quiénes-son y con lo que desean, su *Ser Interior* les ofrece una emoción negativa. Y, de igual manera, cuando están hablando, pensando o actuando en la dirección que *está* en armonía con sus intenciones, su *Ser Interior* les ofrecerá emociones *positivas.*

Solo existen dos emociones: Una de ellas se siente bien y la otra se siente mal. Puedes darle el nombre que quieras, dependiendo de la situación que las origine. Pero cuando reconoces que ese *Sistema de Guía* (que proviene de tu interior en la forma de emoción) te habla desde tu perspectiva más amplia que todo lo abarca, serás capaz de comprender que obtienes el beneficio de todas las intenciones que sostienes aquí, de todas las intenciones en las cuales te has manifestado en este mundo físico y que tienes la habilidad de incluir *todos* tus deseos y creencias, con el fin de tomar las decisiones más apropiadas en cualquier momento dado.

Puedo confiar en mi Guía interna

Muchas personas han marginado su propia Guía intuitiva, reemplazándola por las opiniones de los padres, maestros, expertos o líderes en una variedad de disciplinas. Pero mientras más buscan la Guía ajena, más se alejan de su propio consejo. Muy a menudo, cuando comenzamos a recordarles a nuestros amigos físicos quiénes -son-en-realidad, ayudándolos a reconectarse con el *Sistema de*

Guía que está en su interior, se sienten dudosos. A menudo se han convencido de su poco valor y de que están equivocados y por eso temen avanzar, confiar en su Guía interna o en su propia conciencia, porque creen que puede haber alguien que sabe con mayor claridad lo que es apropiado para ellos.

Pero deseamos ayudarles a recordar lo valiosos y poderosos que son, y su razón al venir a esta realidad de tiempo y espacio. Deseamos recordarles su intención de explorar el contraste de este ambiente maravilloso, sabiendo que daría origen a una corriente continua de nuevas intenciones, y deseamos recordarles quiénes-son-en-realidad: su *Ser Interior*, o *Tú Total* o *Fuente* está feliz ante la expansión en la que se encuentran ahora ustedes. Deseamos recordarles que ustedes pueden sentir, por el poder de sus emociones en cada momento, si están viendo la situación actual a través de los ojos de esa perspectiva más amplia o si se están separando de esa *Fuente*, escogiendo pensamientos que son de una naturaleza distinta. En otras palabras, cuando sienten amor significa que la manera en que están viendo el objeto de su atención concuerda con la manera en que lo ve el *Ser Interior*. Cuando sienten odio, lo ven sin esa *Conexión Interna*.

Ustedes lo sabían intuitivamente, especialmente cuando eran más jóvenes, pero gradualmente fueron agotando este conocimiento, ante la insistencia de esas personas que lo rodeaban, supuestamente "más sabias", que trabajaron arduamente para convencerlos de que no podían confiar en sus propios impulsos.

Es por eso que *la mayoría de ustedes, Seres físicos, no confían en ustedes mismos, lo cual nos sorprende mucho, puesto que lo que tienen en su interior es en lo único en lo que deben confiar*. En cambio, pasan la mayor parte de sus vidas físicas acudiendo a un grupo de personas o normas (grupos religiosos o políticos) quienes les dicen lo que está correcto y lo que está incorrecto. Y luego pasan el resto de sus experiencias físicas intentando que esas enseñanzas cuadren en sus *nuevas* vidas, usualmente escritas miles de años antes de su época. Como resultado, lo que vemos en una gran parte es su frustración y, en el mejor de los casos, confusión. Y también hemos notado que cada año hay más y más personas que mueren mientras se disputan sobre cuál de todo ese conjunto de leyes es el más apropiado. Y nosotros les decimos: *Ese conjunto de reglas generales, incluyentes e inmutables no existe, puesto que ustedes son Seres siempre cambiantes y siempre crecientes.*

Así, si hubiera un incendio en su casa y llegaran los bomberos con sus camiones, con ese equipo maravilloso: las mangueras grandes y largas y toda el agua surgiendo a través de ellas, y rociaran con sus mangueras su casa hasta extinguir el fuego, ustedes dirían: "Definitivamente, esa era la mejor forma de hacer las cosas." Pero, si un día no hubiera incendio, y esos mismos bomberos llegaran y esas mismas mangueras rociaran agua por todas partes, ustedes dirían: "Definitivamente, ¡eso *no* es apropiado!"

Y así ocurre con las leyes que ustedes se están transmitiendo mutuamente: *la mayor parte de sus leyes y reglas no son apropiadas para lo que están viviendo actualmente. Si no tuvieran intenciones de crecer, no habrían venido a esta experiencia de vida física. Porque están aquí como Seres siempre en expansión, siempre cambiantes y siempre buscando el crecimiento, porque desean incrementar su conocimiento. Y, ustedes desean incrementar* <u>Todo-Lo-Que-Es</u>*... Si eso que fue inventado hace muchísimos años fuera lo máximo, entonces no habría razón para que ustedes existieran hoy en día.*

¿Cómo es que estoy obteniendo lo que estoy obteniendo?

Primero, nuestra insistencia en que ustedes son los creadores de su propia realidad es aceptada con alegría de su parte, puesto que la mayoría de las personas anhelan tener el control de sus propias experiencias. Pero cuando llegan a comprender que todo lo que les llega está siendo atraído por sus pensamientos *(obtienen lo que piensan, lo quieran o no),* algunos de ustedes se sienten incómodos con lo que parece ser una tarea abrumadora: la de supervisar sus pensamientos, filtrándolos y ofreciendo solamente aquellos que los dirijan hacia lo que *sí* desean.

No les sugerimos que supervisen sus pensamientos, porque estamos de acuerdo en que sería algo que los haría malgastar su tiempo y se convertiría en algo molesto sino, más bien, les recomendamos que usen con conciencia su *Sistema de Guía Emocional.*

Si prestan atención a lo que están sintiendo, no será necesario supervisar sus pensamientos. Cada vez que se sientan bien, sepan que están, en ese momento, hablando, pensando o actuando de acuerdo con sus intenciones; y sepan que cuando se sienten mal, no están alineados con sus intenciones. En breve, cada vez que está presente una emoción negativa en su interior, en ese momento, están creando algo contrario a sus deseos por medio de sus pensamientos, de sus palabras o de sus obras.

Y así es que al mismo tiempo que lo hacen y que son más deliberados en cuanto a lo que desean, estarán más claros respecto a sus intenciones, y más sensibles a lo que sienten. Esto es, en esencia, de lo que trata el <u>Proceso de la Creación Deliberada</u>.

Soy el creador exclusivo de mis experiencias

La pregunta más importante que surge en este punto de la discusión, es: "Abraham, ¿cómo hago para saber que puedo confiar en lo que brota de mi interior? ¿No hay un poder mayor que dicta las normas y desea que yo sea o haga cosas específicas?" Y nosotros les decimos que ustedes son los creadores exclusivos de su experiencia, y que ustedes se han manifestado en este cuerpo físico a través del poder de su deseo. No están aquí para probar su valor ni nada más, ni están aquí porque ustedes anhelan la salvación en otro plano. Están aquí porque tienen un propósito específico. Desean ser *Creadores Deliberados* y han escogido esta dimensión física de tiempo y espacio, para poder sintonizar con mayor sutileza su comprensión y ver entonces los beneficios de lo que han creado en su pensamiento al permitir que se manifieste en su experiencia física. Están incrementando la expansión del Universo y *Todo-Lo-Que-Es* se beneficia de su existencia, a través de su exposición a esta experiencia y de la expansión propia que se origina como resultado.

Todo lo que ustedes hacen le causa agrado a aquello que buscan agradar. No hay una lista de cosas que son buenas y una lista de cosas que son malas, solamente hay aquellas que se alinean con su verdadera intención y propósito y aquellas que no lo hacen. Ustedes pueden confiar en su Guía interna para ayudarlos a saber cuando están alineados con su estado natural del Bienestar.

Atraigo magnéticamente pensamientos
en armonía vibratoria

La *Ley de Atracción* es responsable de muchas de las cosas que son obvias en sus vidas. Han llegado a recopilar muchos proverbios como resultado de su comprensión parcial de esta *Ley*. Ustedes dicen: "Dios los cría y ellos se juntan." Dicen: "No hay bueno que no pueda ser mejor, ni malo que no pueda ser peor." Dicen: "Empezó mal y terminó peor." Pero, incluso cuando dicen esto, la mayoría de ustedes no comprende verdaderamente el poder de La *Ley de Atracción*. Las personas se atraen mutuamente debido a ella. Todas las circunstancias y eventos son el resultado de ella... Los pensamientos que tienen vibraciones similares se atraen magnéticamente entre sí a través de la poderosa *Ley de Atracción;* las personas que sienten de una manera determinada se atraen mutuamente, de forma magnética, a través de esta *Ley;* de hecho, los pensamientos mismos que ustedes tienen se atraen mutuamente hasta que aquello que fue solo un pensamiento muy débil o insignificante, puede —al enfocarse en él— crecer hasta convertirse en algo muy poderoso.

Debido a la <u>Ley de Atracción</u>, *cada uno de ustedes es un imán poderoso, atrayendo más de lo que siente en un determinado momento.*

Mientras pensamos y hablamos, creamos

Nadie más crea en su experiencia. Ustedes lo hacen todo; ustedes obtienen todo el crédito. Cuando observen sus propias experiencias de vida y las de las personas a su alrededor, deseamos que comprendan que no hay un ápice de evidencia que sea contraria a estas poderosas *Leyes* que estamos expresando. Cuando comiencen a advertir la correlación entre lo que están pensando y diciendo, y lo que están obteniendo, se incrementará su comprensión de la *Ley de Atracción* y el deseo de su *Sistema de Guía* para dirigir deliberadamente sus pensamientos. Y, por supuesto, también comprenderán mucho mejor las vidas de las personas a su alrededor. (De hecho, a veces es más fácil para ustedes comprender esto en las vidas ajenas.)

¿Han notado que las personas que hablan más que todo de enfermedades son las personas que pasan el tiempo más enfermas? ¿Han notado que las personas que hablan más de la pobreza son las personas que viven más en la pobreza, mientras que aquellas que hablan más de la prosperidad son las más prósperas? Cuando comprenden que sus pensamientos son magnéticos y su atención a ellos les causa mayor poder, hasta que con el tiempo el tema del pensamiento se convierte en el tema de su experiencia, su voluntad de prestar atención a lo que sienten les ayudará a escoger más deliberadamente la dirección de su pensamiento.

Es fácil ver cómo funciona la *Ley de Atracción* cuando se involucran en una conversación con alguien. Por ejemplo, imagínate que una amiga está hablando de algo que ella está viviendo y deseas ser un buen amigo, entonces te enfocas en sus palabras y escuchas los ejemplos que ella ofrece sobre lo que le está ocurriendo. Cuanto más te enfocas, más vienen a tu mente situaciones similares de tu propia vida. Cuando te enganchas en la conversación añadiendo historias similares de tu experiencia, crece la vibración de esos pensamientos. Suficiente atención a estos temas y suficientes conversaciones respecto a lo que ustedes han vivido, atraerán más de las mismas experiencias hacia ustedes. Y cuantos más y más pensamientos se aporten relacionados con lo que *no* desean, terminarán rodeados de pensamientos, palabras y acciones dirigidos hacia aquello que *no* desean. (Tú y tu amiga ahora tienen mutuamente más situaciones desagradables para compartir.)

Ahora bien, si has sido sensible a lo que estabas *sintiendo* en el momento en que la conversación comenzó a inclinarse en dirección de lo que no deseabas, habrías estado consciente del sentimiento de malestar incipiente que tenías en la boca del estómago. Habrías reconocido tu *Guía*, la cual te está diciendo en esencia: *Estás pensando y hablando respecto a lo que no deseas.* Y la razón de esa advertencia, de esa "alarma", fue el desacuerdo entre quien-en-verdad-eres y lo que deseas, y en lo que te estás enfocando en este momento. Tus emociones te indican la falta de alineación. Tu *Guía* te está alertando del hecho de que mientras estás pensando y hablando de esas cosas indeseadas, eres un imán que atrae circunstancias, eventos y otros seres hacia ti, y pronto tendrás en tu experiencia la esencia de exactamente lo mismo de lo que estabas diciendo que *no* querías.

De igual manera, si estás hablando de algo que *sí* deseas, tus pensamientos serán atraídos más hacia *eso*. Atraerás más personas hacia ti que deseen hablar de lo que *sí* quieres. Y mientras estás hablando de lo que *sí* deseas, tu *Ser Interior* te estará ofreciendo una emoción positiva para hacerte saber que estás en armonía con eso, y que lo que estás atrayendo hacia ti está en armonía vibratoria con la esencia del equilibrio de tus intenciones.

El sutil equilibrio entre *desear* y *permitir*

La *Ciencia de la Creación Deliberada* es una *Ley* con un sutil equilibrio que consta de dos partes: por un lado, está el pensamiento de lo que deseas. Por otro lado, está la expectativa o la creencia, es decir, permitir en tu experiencia, lo que estás creando a través de tus pensamientos.

Entonces, si dices: "Deseo un nuevo auto rojo," has, a través de tu pensamiento, generado la creación de ese nuevo auto rojo en tu experiencia. Y ahora, cuanta más atención le brindes a ese pensamiento, y más seas capaz de imaginarte en toda pureza ese nuevo auto en tu vida, más entusiasmo sentirás al respecto. Y cuanto más entusiasmo sientas, más emoción positiva aportas a tus pensamientos respecto a tu auto rojo y más rápidamente llegará ese auto rojo a tu vida. Una vez que lo has creado con tus pensamientos y una vez que sientes una poderosa emoción positiva mientras piensas en él, el auto llega rápidamente a tu vida. Ha sido creado, ya existe, y con el fin de tenerlo en tu vida, solamente tienes que *permitirlo*. Y lo permites al esperarlo, al creer en él y al dejarlo que llegue.

Cuando dudas de tu habilidad de tener el nuevo auto rojo, reprimes tu Creación. Si dices: "deseo un nuevo auto rojo," comienzas a crearlo, pero si luego añades: *"Pero* es que es tan caro," te alejas de tu Creación. Es decir, has logrado la primera parte de la

Creación al desearlo, pero ahora impides la Creación de lo que deseas al no creer, esperar ni *permitir*, porque con el fin de atraer tus creaciones en tu experiencia física, son necesarias las dos partes del proceso.

No solo porque estés hablando del tema de tu Creación necesariamente quiere decir que lo estás permitiendo. Cuando piensas en tu nuevo auto rojo y sientes entusiasmo al respecto, lo estás permitiendo, pero cuando piensas en tu nuevo auto rojo preocupado de que no puedas llegar a tenerlo (o frustrado porque todavía no lo tienes), en realidad te estás enfocando en la *ausencia* del auto, y no lo estás permitiendo en tu experiencia.

En las primeras fases de la Creación de algo que deseas, estabas en el camino directo hacia recibirlo cuando sentías entusiasmo y lo esperabas, pero luego le expresaste tu deseo a otra persona, quien comenzó a decirte todas las razones por las cuales *no podía* ser o *no debería* ser. La influencia negativa de tu amigo no te está sirviendo, porque cuando te enfocabas en la *esencia de tu deseo*, lo estabas atrayendo, pero ahora que te enfocaste en la *falta de tu deseo*, lo estás alejando.

¿Cómo se siente, bien o mal?

Entonces, cuando dices: "Deseo ese nuevo auto rojo, sé que viene en mi camino," así es. Pero cuando dices: *"Pero, ¿en dónde está? Hace tanto tiempo que lo quiero. Yo creía en Abraham, pero las cosas que quiero no me llegan,"* ya no estás enfocado en lo que deseas. Ahora estás enfocado en la *falta* de lo que deseas y estás obteniendo, a través de la *Ley de Atracción,* en lo que te estás enfocando.

Si te enfocas en lo que deseas, atraerás más de lo que deseas. Si te enfocas en la falta de lo que deseas, atraerás más de la falta. (Cada tema es en realidad dos temas: lo que deseas y la falta, o ausencia, de lo que deseas.) Si le estás prestando atención a lo que sientes, siempre sabrás si estás enfocado en lo que deseas o en la ausencia de lo que deseas, porque cuando estás pensando en lo que deseas, te sientes bien, y cuando estás pensando en la falta de lo que deseas, te sientes mal.

Cuando dices: "Deseo dinero para costear el tipo de vida que me gusta," estás atrayendo dinero, pero cuando te enfocas en las cosas que deseas y no tienes, advirtiendo su ausencia, estás alejando tu abundancia.

Un ejercicio para ayudarlos en la *Creación Deliberada*

Aquí encontrarán un ejercicio que los ayudará en su *Creación Deliberada:*

Toma tres hojas de papel, y en la parte de arriba de cada una de ellas escribe todo aquello que deseas. Ahora toma la primera hoja y debajo de cada tema que hayas escrito, escribe: "Estas son las razones por las cuales deseo esto..." Escribe lo que te venga a la mente, lo que te fluya naturalmente; no te esfuerces. Y cuando ya no te venga nada más a la mente, habrás terminado.

Ahora, voltea la hoja y escribe en la parte de arriba, de la parte de atrás de esa hoja: "Estas son las razones por las cuales creo que tendré esto..."

La parte del frente de tu hoja le da realce a lo que deseas (la primera parte de la ecuación de la *Creación Deliberada*). El otro lado de la hoja le da realce a tu creencia de que lo tendrás (la segunda parte de la ecuación de la *Creación Deliberada*). Y ahora que estás enfocado y activando en tu interior tu vibración de las dos partes de la ecuación, estás en el estado de recibir tu deseo, porque has completado con éxito las dos partes del *Proceso Creativo*. Lo único que debes hacer ahora es desearlo, seguir esperándolo hasta que lo tengas y será tuyo.

No hay límite al número de cosas que puedes crear simultáneamente, porque no es difícil sostener un deseo y al mismo tiempo sostener la esperanza de lograrlo. Pero al comienzo, cuando todavía estás aprendiendo a enfocar tus pensamientos, puede ser útil concentrarte deliberadamente solo en dos o tres deseos a la vez, porque mientras más larga la lista de cosas en las cuales estés trabajando, mayor será el potencial de que te dejes arrastrar por las dudas, cuando ves las cosas que todavía no has logrado. Cuanto más practiques el juego, más te enfocarás en tus pensamientos y, eventualmente, no habrá razones para limitar tu lista en lo absoluto.

Antes de que experimentes algo en tu vida, debes primero pensar en ello. Tus pensamientos son la invitación, y sin ellos, nada llega. Te sugerimos que decidas *intencionalmente* lo que deseas, y luego pienses *intencionalmente* en esas cosas que *deseas* mientras que *intencionalmente* no pienses en las cosas que no deseas. Y, al sugerirte eso, te animamos para que cada día separes un tiempo y te sientes para atraer *intencionalmente* tus pensamientos en una especie de visión de lo que deseas experimentar en tu vida, y a lo cual nos hemos referido en esta ocasión como *Taller de la Creación Deliberada*.

Mientras transcurren tus días, programa la intención de advertir las cosas que deseas: *Hoy, sin importar lo que esté haciendo, ni con quién lo haga, es mi intención predominante observar las cosas que me gustan.* Y mientras recolectas deliberadamente estos datos, tendrás los recursos disponibles para crear efectivamente cuando asistas a tu *Taller Creativo*.

Los pensamientos que evocan profundas emociones, se manifiestan con mayor rapidez

Les hemos dicho que sus pensamientos son magnéticos. Pero ahora deseamos aclarar algo: *aunque todos los pensamientos tienen potencial creativo, los pensamientos que no conllevan una gran emoción, no están atrayendo hacia ustedes ese tema con cierta velocidad. Cuando se trata de pensamientos que conllevan gran emoción, ya sea negativa o positiva, la esencia de esos pensamientos se está manifestando rápidamente en su experiencia física. Y esa emoción que sienten, se está comunicando desde su <u>Ser Interior</u>, advirtiéndoles que ahora ustedes están teniendo acceso al poder del Universo.*

Si vas a ver una película de terror y te sientas en la sala de teatro con un amigo, mirando la pantalla y todos los horribles detalles que te están ofreciendo a través de los colores y el sonido, estás en ese momento en un *Taller negativo*. Porque mientras visualizas todo aquello que *no* deseas ver, la emoción que sientes es tu *Ser Interior* diciéndote: *estás viendo algo tan vívido que el Universo ahora está ofreciéndote ese poder.*

Pero, afortunadamente, cuando sales del teatro por lo general dices: "Era solo una película", y no *esperas* que suceda. No *crees* que algo así te va a pasar, entonces no completas la segunda parte de la ecuación. Lo pensaste con emoción y lo creaste, pero no lo permitiste en tu experiencia, porque no lo *esperabas* en verdad. Sin embargo, si cuando sales del teatro un amigo te dice: "Puede ser que solo sea una película, pero a *mí* me ocurrió en una ocasión", entonces comienzas a considerar *esa* idea y al hacerlo, puedes llegar a *creer* o a *esperar* que algo así podría ocurrirte a *ti* y así será entonces. *Pensar en eso, por un lado, y esperarlo o creerlo por el otro, es el equilibrio que atrae lo que recibes.*

Si lo desean y lo esperan, será suyo pronto. Sin embargo, no siempre logran el equilibrio exacto entre el deseo y la expectativa. Algunas veces lo desean con intensidad, pero no creen que lo van a tener. Por ejemplo, en el caso de la mujer cuyo hijo queda atrapado debajo de un auto, ella no *creía* que podía levantar el pesado vehículo, pero su *deseo* era tan extremadamente fuerte que lo logró. Por otro lado, hay muchos ejemplos en donde sus creencias son muy fuertes, pero su deseo no lo es. Es el caso de la creación de enfermedades, como el cáncer, en donde su *creencia* es muy intensa, aunque su *deseo* no lo es.

Muchos de ustedes se encuentran muchas veces al día en lo que llamamos un taller negativo. Cuando están sentados al frente de su escritorio con una pila de cuentas por pagar, sintiendo tensión o miedo porque no hay suficiente dinero para cubrirlas todas, están en un taller negativo. Porque mientras estén pensando que no tienen suficiente dinero, están en la posición perfecta para crear más de lo que *no* desean. Lo que están *sintiendo* al respecto es una señal de su *Ser Interior*, que les dice que lo que están pensando no está en armonía con lo que desean.

Un resumen del *Proceso de la Creación Deliberada*

Ahora resumamos todo lo que les hemos ofrecido hasta ahora para que puedan ejercer el control deliberado de su propia vida. Primero, reconoce que eres más de lo que ves aquí en este cuerpo físico, y que hay una parte tuya más extensa, más sabia y, ciertamente más antigua, que recuerda todo lo que has vivido; y aun más importante: sabe quién eres. Y, desde esa perspectiva que todo lo abarca, esa parte tuya puede ofrecerte información clara y absoluta, con relación a la conveniencia de lo que estás haciendo, diciendo o hablando o lo que estás *a punto* de hacer o *a punto* de decir.

Luego, si en ese momento programas claramente tus intenciones, entonces tu *Sistema de Guía* puede funcionar con mayor efectividad, porque tiene la habilidad de incluir todos los datos reunidos de *todas* tus experiencias (todos tus deseos, todas tus intenciones y todas tus creencias) y lo comparas con lo que estás haciendo o estás a punto de hacer, con el fin de proporcionarte una guía total.

Más adelante, mientras avanzas en tu día, presta atención a lo que sientes. Y cada vez que te descubras sintiendo una emoción negativa, deja lo que estés haciendo que te atraiga esa emoción, porque la emoción negativa significa que en ese momento estás creando negativamente. *La emoción negativa solamente ocurre cuando estás creando de manera opuesta a tus deseos. Entonces, cuando reconozcas que estás sintiendo una emoción negativa, no importa la razón, no importa cómo llegó, no importa la situación en que te encuentres, deja de hacer lo que estás haciendo y enfócate en algo que te haga sentir mejor.*

Practica el *Proceso de la Creación Deliberada* durante 15 ó 20 minutos todos los días, permanece sentado en silencio y sin interrupciones ni distracciones de las cosas del diario vivir, ponte a pensar en tu vida y visualízate como deseas estar, rodeado de todas las cosas que te agradan.

Prestar atención a *lo-que-es* solamente
crea más de *lo-que-es*

La *Ley de Atracción* te está respondiendo a *ti*, a tu *punto de atracción* y tu *punto de atracción* es originado por tus pensamientos. Lo que *sientes* es originado por los pensamientos que tienes. Entonces, lo que *sientes* sobre ti mismo es tu intenso y poderosamente magnético *punto de atracción*. Cuando te *sientes* pobre, no puedes atraer prosperidad. Cuando te *sientes* gordo, no puedes atraer estar delgado. Cuando te *sientes* solo, no puedes atraer compañía pues desafía la *Ley*. Muchos de ustedes desean recalcar la "realidad". Dicen: "Hay que enfrentar los hechos. Ver *lo-que-es*." Y les decimos, si son capaces solamente de ver *lo-que-es*, entonces por la *Ley de Atracción*, solamente crearás más de *lo-que-es*. . . . Debes ser capaz de ver más allá de *lo-que-es* con el fin de atraer algo distinto o algo más.

Tu atención emocional a *lo-que-es* te enraíza como un árbol a sus raíces, pero una visión emocional (feliz) de lo que deseas comenzar a atraer en tu experiencia, te atraerá esos cambios. *Muchas de las cosas que están viviendo ahora les gustan y desean seguir con ellas, entonces sigan prestando su atención a esas cosas y seguirán manteniendo esas cosas en su experiencia. Pero deben retirar su atención de todo lo que no desean.*

Agradecer algo lo atrae

Los pensamientos que evocan emociones son aquellos que originan más rápidamente cambios en tu vida. Los pensamientos que no conllevan emociones, mantienen igual lo que ya está ocurriendo. Por eso, las cosas que ya has creado y que agradeces, pueden permanecer en tu vida si sigues sintiendo gratitud hacia ellas. Pero esas cosas que todavía no tienes y que deseas tener rápidamente (y en grandes cantidades), debes pensarlas de manera clara, consciente, deliberada y evocando emociones.

Un uso extremadamente efectivo del *Taller Creativo* es considerar los aspectos que aprecias respecto a los temas que son más importantes para ti. Cada vez que toques un tema, crece tu atención al detalle; y con más y más detalles se incrementa también tu emoción sobre el tema. Usar de esta manera el *Taller Creativo* logrará cumplir todo lo requerido para la *Creación Deliberada*, porque estás pensando en algo que deseas, en tu emoción o aprecio, estás permitiendo que lo que deseas se manifieste en tu vida. Cuando vas con frecuencia a tu *Taller Creativo*, comienzas a advertir una obvia correlación entre las cosas que estás contemplando en tu Taller y las manifestaciones que estás viendo en tu vida.

¿Funcionan las *Leyes Universales* aunque yo no crea en ellas?

Jerry: Abraham, estas *Leyes* de las que ustedes hablan, estas *Leyes Universales*, ¿funcionan aunque no creamos que funcionan?

Abraham: Así es, no hay duda. Ustedes ofrecen una vibración aunque no sepan que lo hacen, esa es la forma de crear *inconscientemente*. Ustedes no pueden apagar su *Mecanismo Creativo* ya que siempre está funcionando, y las *Leyes* están siempre respondiendo. Esta es la razón por la cual es tan valioso comprender estas *Leyes*. No comprenderlas es un poco como formar parte de un juego del cual desconoces las reglas. Y entonces, mientras juegan, no comprenden *por qué* están obteniendo lo que están obteniendo. Ese juego se convierte en frustrante y la mayoría quiere dejar de participar en él.

¿Cómo hago para no obtener lo que no deseo?

Jerry: Abraham, ¿cómo le dirían a las personas cómo hacer para *no* obtener lo que *no* desean?

Abraham: No piensen en lo que no deseen. No presten atención a lo que no deseen, puesto que su atención al tema, lo atrae. Mientras más lo piensen, más poderoso se vuelve y más emoción atrae. Sin embargo, cuando dicen: "No voy a pensar más en este tema," en ese momento están pensando en ese tema. Entonces, la clave es pensar en otra cosa, otra cosa que *sí* deseen. Con práctica, serán capaces de saber por la forma en que se sienten si están pensando en algo que desean o en algo que no desean.

Esta sociedad civilizada luce carente de alegría

Jerry: Vivimos en lo que llamo una sociedad muy civilizada y en los aspectos económicos y materiales nos va bastante bien, pero no veo mucha alegría en las personas ni en los negocios, ni en el resto de la sociedad. ¿Se deberá a los factores de los cuales ustedes hablan, que tienen creencias muy arraigadas y deseos muy sutiles?

Abraham: La mayoría de las personas ofrecen su vibración como respuesta a lo que observan. Y por eso, cuando observan algo que los hace sentir bien, sienten alegría, pero cuando observan algo que los hace sentir mal, sencillamente no sienten alegría. Y la mayoría de las personas no creen que tienen ningún tipo de control sobre lo que sienten porque no pueden lograr obtener el control de las condiciones a las cuales ellos les están ofreciendo esas respuestas. Creen en la imposibilidad de asumir el control de sus vidas y esa es la razón responsable de la ausencia de alegría que tú mencionas. Y debemos recordarte que si sigues observando la falta de alegría de los demás, tu alegría también desaparecerá.

Quiero desear con mayor pasión

Jerry: Ustedes también han dicho que si *deseamos* con pasión, nuestra *creencia* no tiene que ser tan fuerte. Entonces, ¿cómo se construye en el Taller el deseo apasionado del cual ustedes hablan?

Abraham: Debe haber un comienzo para todas las cosas. Es decir, muchas personas que están relacionadas con nosotros, nos dicen: "Abraham, he escuchado lo que dicen, pero no sé lo que quiero." Y les decimos entonces, comienza por decir: *quiero saber lo que quiero*. Porque al declararlo, te conviertes en un imán que atrae todo tipo de datos con los cuales puedes tomar una decisión. *Comienza en algún lugar y deja que la Ley de Atracción te entregue ejemplos y opciones; y luego, mientras más las piensas, más pasión sentirás por ellas.*

La atención a cualquier tema ocasiona que se fortalezca, y la emoción incrementa a consecuencia de ello. Cuando piensas en algo que deseas y sigues añadiéndole detalles a la idea, esos pensamientos se fortalecen. Pero cuando piensas en algo que deseas y después piensas en que todavía no ha llegado... Y luego piensas en lo divertido que será cuando lo tengas, pero recuerdas que cuesta mucho dinero y que todavía no puedes pagarlo..., se concluye que esta inestabilidad merma la pasión y desacelera el poder de tus pensamientos.

¿Es posible liberarme de creencias contraproducentes?

Jerry: ¿Es posible que alguien cree un deseo en una dirección, a pesar de haber sido guiado a pensar (por otras personas) que su *destino* es crear en una dirección diferente?

Abraham: Si su deseo es muy fuerte, es posible. Es decir, veamos el caso de la madre que mencionábamos antes, a quien le enseñó la sociedad y su propia vida a creer que ella no sería capaz de levantar un automóvil que pesara tanto, sin embargo, su deseo era tan intenso (cuando vio a su hijo en peligro), que fue capaz de hacerlo. Y así, si el deseo es lo suficientemente fuerte, las creencias pueden ser invalidadas.

Las creencias son muy poderosas y aunque cambian lentamente *pueden* ser modificadas. Mientras sigan buscando siempre pensamientos que los hagan sentir mejor, los encontrarán y los activarán, y la Ley de Atracción les responderá. Y con el tiempo, sus nuevas vidas reflejarán esos cambios en el pensamiento. Si se aferran a la idea de que solamente pueden creer en cosas que están basadas en "evidencias reales," entonces nada puede cambiar para ustedes, pero cuando comprenden que el nuevo enfoque en sus pensamientos y la respuesta de la *Ley de Atracción* a ese nuevo pensamiento atraerá nuevas evidencias, entonces comprenderán el poder de la *Creación Deliberada.*

¿Es posible que las creencias de mis vidas pasadas afecten mi vida actual?

Jerry: ¿Existen pensamientos (o creencias) de nuestras vidas pasadas que sigan creando o sean capaces de crear circunstancias en nuestra experiencia física actual?

Abraham: Eres un Ser en continua expansión y tu *Ser Interior* es la culminación de todo lo que has vivido. Tu *Ser Interior* no solamente cree, sino que sabe con certeza el valor y el mérito de tu Ser, por lo que cuando escoges pensamientos que están de acuerdo con los de tu *Ser Interior,* sientes la claridad y el conocimiento.

Sin embargo, los detalles de toda experiencia física pasada no te afectan en esta experiencia física. Hay mucha confusión al respecto, y eso se origina principalmente debido a aquellas personas que no desean aceptar que son creadores de su propia experiencia. Ellos dicen: "Soy gorda en esta vida porque en una vida pasada casi me muero de hambre." Y le decimos: *no hay nada de una vida pasada que te esté influyendo ahora, a menos que, de alguna manera, te hayas hecho consciente de eso y le estés prestando tu atención.*

¿Pueden mis expectativas negativas afectar el Bienestar de los demás?

Jerry: Si en nuestra preocupación por el bienestar de las personas que queremos mucho, descubrimos que nuestros pensamientos se dirigen hacia una expectativa negativa respecto a ellos, ¿podemos, al considerar la posibilidad de que ocurra un problema en la vida de *ellos,* ocasionarles algún daño real?

Abraham: *Ustedes no pueden crear en la experiencia de otras perso-*

nas porque no pueden vibrar por ellos, lo cual es el punto de atracción de ellos. Pero cuando se enfocan en algo durante tanto tiempo que sus pensamientos se fortalecen, y sienten emoción al respecto, pueden *influir* en los pensamientos de esas personas respecto a ese tema en particular.

Recuerda, la mayoría de las personas ofrece su vibración en respuesta a lo que están observando. Y si ellos te observan y ven tu rostro de preocupación o escuchan tus comentarios de preocupación, podrían perfectamente inclinarse hacia la dirección de aquello que no desean.

Si deseas ser de mucho valor para los demás, míralos como tú sabes que ellos desean ser. Esa es la influencia que deseas ofrecer.

¿Se pueden deshacer las programaciones pasadas causadas por otras personas?

Jerry: Si la mente de uno ha sido "programada" por otras personas para creer en determinadas cosas y uno piensa que esa creencia ya no es útil en su vida, ¿es posible deshacer esas creencias?

Abraham: *Ustedes están influidos negativamente por dos grandes obstáculos: uno es la influencia de los demás; y el otro es la influencia de sus propios hábitos...* Han desarrollado patrones de ideas y pueden caer fácilmente en esos antiguos patrones en vez de pensar en esa nueva idea que está en armonía con el nuevo deseo. Es cuestión de usar deliberadamente un poco de su fortaleza o como ustedes la llaman, fuerza de voluntad, y enfocarse en una nueva dirección.

La "programación" a la que te refieres es solamente el resultado de haberte enfocado en algo; y la respuesta de la *Ley de Atracción* a ese enfoque causa que se fortalezca todo aquello en lo que te enfocas. Algo de lo que llamas "programación" es apenas una sana integración en tu sociedad actual, pero otro aspecto de ella podría estar en verdad obstaculizando tu expansión personal. Con el tiempo, con práctica, serás capaz de reconocer la diferencia, y guiar tus pensamientos en la dirección de *tus* opciones personales. Y eso es de lo que trata en verdad la *Creación Deliberada.*

¿Está mi punto de poder funcionando ahora mismo?

Jerry: Abraham, hay una frase de los libros de *Seth* que dice: *Tu punto de poder está en el presente.* ¿Qué significa eso para ustedes?

Abraham: Ya sea que estén pensando en algo que está ocurriendo ahora mismo, en algo que haya ocurrido en su pasado o en algo que desean que ocurra en su futuro, lo están pensando ahora mismo. Están ofreciendo en el presente su vibración de pensamiento, y es a esa vibración de pensamiento actual que la *Ley de Atracción* está respondiendo, tu poder de crear es *ahora*.

También es útil reconocer que tu emoción ocurre como respuesta a tu pensamiento *actual*, ya sea que concierna tu *pasado*, tu *presente* o tu *futuro*. Mientras mayor es la emoción que sientes, más poderoso es tu pensamiento y más rápidamente estarás atrayendo cosas a tu experiencia que concuerden con la esencia de ese pensamiento.

Podría ser que recuerdes una pelea que tuviste con alguien años antes o con alguien que haya muerto hace diez años, pero tan pronto como recuerdas esa pelea *ahora*, estás activando la vibración de eso en el *ahora*, y tu *punto de atracción* actual está siendo afectado por eso *ahora*.

¿Cómo ocurrió la primera cosa negativa?

Jerry: Siempre me he preguntado cómo ocurrió la primera enfermedad o la primera cosa negativa. ¿Es cierto que lo primero de todas las cosas ocurre en forma de pensamiento? En otras palabras, así como la primera luz eléctrica, primero vino la idea y luego la luz eléctrica, entonces avanzar hacia más enfermedades o hacia cosas maravillosas, ¿es solamente un paso o una idea más allá de algo que ha sido pensado previamente?

Abraham: *Todas las cosas, ya sea que ustedes las determinen como algo bueno o malo, son solamente el siguiente paso lógico desde donde ustedes se encuentren.*

Tienes razón cuando dices que primero viene la idea. Primero ocurre la idea, luego la forma de pensamiento y después la manifestación. Su situación actual es una plataforma de experiencia que inspira al siguiente pensamiento y al siguiente.

Cuando te das cuenta de que puedes optar por esperar algo positivo o algo negativo, pero que en ambos casos la *Ley de Atracción* le añadirá poder a ese pensamiento hasta que terminará por manifestarse, podría ser que te pareciera una buena idea ser más deliberado en la dirección de tus pensamientos. Nada se manifiesta por tu sutil atención hacia eso. Se toma tiempo y atención sobre un tema recopilar suficiente poder para causar su manifestación. Esa es la razón por la cual todas las cosas, las buenas y las malas se incrementan. En otras palabras, las enfermedades se incrementan y se multiplican mientras los seres humanos se enfocan más y más en ellas.

¿Es lo mismo la imaginación que la visualización?

Jerry: Abraham, ¿cómo describirían el término *imaginación*? ¿Qué significa para ustedes?

Abraham: La *imaginación* es la mezcla y la fricción de pensamientos en varias combinaciones. Es similar a observar una situación. Sin embargo, en la imaginación ustedes están creando imágenes en vez de observarlas en su realidad actual. Algunas personas usan la palabra *visualización,* pero deseamos enseñarles una sutil diferencia: la *visualización* es a menudo solamente un recuerdo de algo que alguna vez observaron. Por *imaginación* nos referimos a traer deliberadamente componentes deseados en su mente, para crear un escenario deseado. Es decir, enfocarse con la intención de inducir emoción positiva. Cuando usamos el término *imaginación,* en realidad estamos hablando de *Crear Deliberadamente* su propia realidad.

Jerry: Pero, ¿cómo puede una persona visualizar o imaginar algo que todavía no ha visto, como una pareja que desearía tener un hijo a quien le gustaría dar a luz o una vocación que jamás ha considerado?

Abraham: Al observar el mundo a su alrededor, reúnen y consideran deliberadamente los aspectos de la vida que les atraen. Adviertan la hermosa sonrisa que alguien les dedica o la hermosa casa en la cual alguien reside. Tomen notas mentales o escritas de las cosas que disfrutan en su mundo y luego mezclen los componentes en su propia mente. No busquen modelos perfectos, puesto que ustedes son únicos y son los creadores de su propia y única realidad.

Con el tiempo, descubrirán o recordarán que este arte de la imaginación causará que ocurran resultados agradables en su vida, pero el arte de la imaginación también es divertido y agradable. Comiencen diciendo: "Quiero saber lo que quiero," y comenzarán a atraer, por medio de la *Ley*, todo tipo de ejemplos. Y mientras recolectan los datos que les llegan, dejen que su intención predominante sea cada día buscar las cosas que desean. Luego, pueden observar a su alrededor y ver en los demás esas cualidades o características que desearían que tuviera su pareja o su compañero o su trabajo. *En verdad, no hay modelo perfecto para ustedes respecto a cualquier tema, ustedes son quienes lo crean.*

Algunas veces nos dicen: "Deseaba tener riquezas y entonces conocí a un hombre rico, pero con mala salud y con un matrimonio desastroso, entonces asocié la prosperidad con la mala salud y los malos matrimonios y ahora ya no deseo riquezas." Y les decimos: recolecten los datos de la prosperidad si la desean y dejen por fuera la mala salud y los malos matrimonios.

Jerry: Entonces, ¿podemos visualizar reuniendo todos los datos de las características deseadas para la pareja, el hijo o el trabajo que deseamos?

Abraham: Así es. Y ese es en verdad el punto clave del *Taller*. Es un lugar a donde van, sin distracciones, y en donde comienzan a crear escenarios en sus mentes.

Jerry: Entonces, ¿no tiene que ver con nada que ya exista o haya existido sino que tiene que ver solamente con lo que uno siente que desea vivir?

Abraham: Y mientras hagan su labor en su *Taller,* descubrirán que en la mayoría de los casos, no llega de inmediato. Sabrán cuando se sientan claros, porque se sentirán emocionados... ¿Alguna vez han trabajado en un proyecto y pensado en él, pensando por bastante tiempo y de repente dicen: "¡Tengo una buena idea!" Ese sentimiento de *¡tengo una buena idea!* es el punto de comienzo de su creación. En otras palabras, han estado reflexionando en su mente hasta que encuentran los detalles específicos y sienten que lograron la combinación perfecta de ideas. Su *Ser Interior* les ofrece emoción diciendo: *sí, ¡eso es! ¡ya lo tienes!* Por lo tanto, el punto del Taller es pensar en toda clase de cosas hasta que sientan la sensación de una buena idea.

Jerry: Cuando una fuerte intención que hemos estado visualizando no se ha materializado todavía, ¿cuál es la razón más común de que eso ocurra?

Abraham: *Si han estado visualizando su intención <u>con pureza</u>, debe entonces ocurrir, y con rapidez.* La clave es la pureza de la visualización y eso quiere decir: ofrecer pensamientos puramente en dirección de lo que desean. Cuando dicen, lo deseo, *pero...* al añadir *pero,* lo cancelan o lo anulan antes de nacer. Con frecuencia piensan más en la ausencia de su deseo que en la presencia de su deseo. *Si algo que desean se tarda en llegar, solamente puede ser por una razón: están pasando más tiempo enfocados en su ausencia que en su presencia.*

Si pueden identificar lo que desean y luego pensar clara y *deliberadamente* en lo que desean hasta lograrlo, la esencia de todas las cosas que desean debe ser suya sin tener que esperar mucho. Si pueden pasar su tiempo vislumbrando puramente lo que desean, en vez de prestar su atención a la realidad de *lo-que-es,* atraerán más de lo que desean y menos de *lo-que-es.* Es cuestión de cambiar su *punto de atracción* magnético.

Retira tu vista, tus palabras y tus pensamientos de <u>lo-que-es,</u> y colócalos puramente en lo que ahora deseas. Cuanto más pienses y hables de lo que deseas, más rápidamente será tuyo.

¿Es ser paciente una virtud positiva?

Jerry: Abraham, ¿qué piensan de decirle a alguien: "Solo ten paciencia"?

Abraham: Cuando comprenden la *Ley de Atracción* y cuando comienzan a dirigir deliberadamente sus propios pensamientos, las cosas que desean fluyen rápida y constantemente en sus vidas y la paciencia no es necesaria.

No nos atrae la idea de enseñarles a tener paciencia, porque implica que es natural que las cosas se tomen tiempo, y eso no es cierto. Si avanzas y luego retrocedes, luego avanzas y retrocedes, podría ser que nunca termines en el lugar a donde querías ir. Pero cuando avanzas y luego solo sigues avanzando, llegas rápidamente. Y eso no requiere paciencia.

Quiero dar un salto cuántico

Jerry: Y bien, es fácil avanzar un pequeño paso adelante de donde nos encontramos y *hacer* un poquito más de lo que hemos estado haciendo: *ser* un poquito más de lo que somos y *tener* ligeramente más de lo que tenemos ahora, pero, ¿qué ocurre cuando deseamos dar un "salto cuántico"? En otras palabras, lograr algo mucho más avanzando de que lo jamás hayamos visto. ¿Cómo hace uno para crear algo así?

Abraham: Bien, ahora has dado en el clavo. La razón por la cual es más fácil para ustedes dar pequeños pasos es porque es más fácil reconocer las creencias que tienen y extender un poquito esas creencias. Éstas no han cambiado por completo; apenas las están extendiendo un poquito. Un "salto cuántico" a menudo significa que deben liberar su creencia actual y adoptar una nueva.

Los saltos cuánticos no se logran mejorando la parte de la creencia o la parte de permitir en la ecuación. Los saltos cuánticos se logran mejorando la parte del deseo.

¿No están de acuerdo conque lo que hizo la madre (en el relato que les hemos mencionado) al levantar el automóvil de su hijo fue un "salto cuántico"? Si ella hubiera estado yendo a un gimnasio, le habría tomado mucho tiempo convencerse poco a poco, de que podía levantar algo tan pesado. Pero su poderoso deseo originó el "salto cuántico" en el momento.

No somos partidarios de "saltos cuánticos" porque eso requiere un contraste exagerado, lo cual causa una propulsión dramática de su deseo y produce un resultado sorprendente. Pero el resultado es siempre temporal, porque el equilibrio de sus creencias los lleva eventualmente de regreso al lugar en donde estaban antes. La transición gradual de creencias hacia la dirección de sus deseos es una manera mucho más satisfactoria de crear.

Jerry: Y, díganme una vez más: ¿Cómo podemos ampliar nuestros deseos? ¿Cómo podemos hacer que deseemos más?

Abraham: Piensen en lo que creen que desean y la *Ley de Atracción* les atraerá más información, más datos, y más circunstancias para su creación.

Es un proceso natural que cuando observan lo que desean se sienten más poderosos, sienten emociones positivas. Entonces, es cuestión de sostener sus pensamientos en lo que desean. Si es posible, acudan a los lugares en donde están las cosas que desean, para que puedan colocarse deliberadamente en esa posición de sentirse maravillosamente bien. Y cuando se sienten bien, todas las cosas buenas (según ustedes) comenzarán a llegar a sus vidas.

Cuando se enfocan en algo, la *Ley de Atracción* se ocupa de la "ampliación." Entonces, si les parece que incrementar sus deseos y emociones positivas requiere de un gran esfuerzo de su parte, es porque están pensando en lo que desean y luego en lo opuesto y, por lo tanto, no están permitiendo el avance constante y hacia delante.

¿Son más difíciles de manifestar las cosas más grandiosas?

Jerry: Entonces, ¿cuál dirían ustedes que es la razón por la cual casi todo el mundo siente que puede crear o manifestar cosas pequeñas, pero siente que no puede crear cosas más grandiosas?

Abraham: Porque no comprenden la *Ley,* y están dependiendo de lo que-puede-ser según lo-que-ha-sido... *Cuando comprenden las Leyes, entienden entonces que no es más difícil crear un castillo que un botón. Es lo mismo. No es más difícil crear diez millones de dólares que cien mil. Es la misma aplicación de la misma Ley en dos intenciones distintas.*

¿Puedo comprobarle a los demás estos principios?

Jerry: Cuando una persona desea poner a prueba estas *Leyes* o principios para comprobar su validez con alguien más y dice: "Déjame enseñarte lo que yo puedo hacer con esto", ¿tiene esto alguna relevancia con el efecto de la *Ley de Atracción?*

Abraham: El problema al tratar de comprobar algo es que a menudo hace que ustedes ejerzan presión contra algo que *no* desean. Y al hacerlo, activan precisamente *eso* en su vibración, lo cual dificulta que logren lo que *sí* desean. También puede ser poco estimulante, pues si *ellos* sienten fuertes dudas, pueden influenciarlos a *ustedes* y hacerlos dudar un poco también.
No hace falta comprobarle a nadie sus palabras. Dejen que el ejemplo de lo que ustedes son y viven, sea suficiente para esclarecer a los demás.

¿Por qué creemos tener que justificar ante los demás nuestras cosas buenas?

Jerry: Abraham, ¿por qué creen que tantos de nosotros, en nuestra forma física, sentimos que tenemos que justificar las cosas buenas que nos pasan?

Abraham: Parte de la razón es que los humanos creen erróneamente que los recursos son limitados, entonces sienten que deben explicarle a los demás por qué ellos reciben en vez de los *otros*. Otro factor es la creencia en la "falta de mérito". Existe en su dimensión física una idea muy poderosa que dice: "No eres digno, estás aquí para *probar* que lo eres."

Ustedes no vinieron a esta vida a probar su mérito. *¡Son merecedores de todo!* Están aquí para vivir la expansión alegre. Fue debido al poder de su deseo y al poder de permitir, de hecho, al haber aplicado todas las *Leyes* que hemos explicado aquí, que han surgido en esta realidad de tiempo y espacio, Y así es: su existencia física es prueba de su mérito o de su dignidad de ser, hacer y tener todo lo que desean.

Si pudieran comprender que se sienten tan mal al pensar que no son "merecedores" debido a que ese pensamiento está en total desacuerdo con lo que siente su Ser Interior, buscarían entonces la forma de mejorar la dirección de sus pensamientos. Pero si no lo entienden, entonces a menudo se mueven con torpeza, intentando agradar a los demás, pero como no hay consistencia con lo que los demás les exigen, terminan perdiendo su ruta.

Cuando tratan de justificarse, están en una actitud negativa, porque no están enfocados en lo que desean. Más bien, están tratando de convencer a los demás de que está bien que ustedes tengan deseos, y no es necesario hacerlo. *Está* bien.

¿Cómo se adaptan las *acciones* o las *obras* en la receta de Abraham?

Jerry: Muchas de esas personas que he visto que logran resultados sorprendentes en sus vidas, las personas a quienes les ocurren cosas fascinantes en el aspecto material, en sus relaciones y en la salud, no parecen trabajar mucho físicamente para haber llegado a recibirlas. Parece que han trabajado mucho menos que otras personas que han trabajado mucho más arduamente, pero que reciben mucho menos. Entonces, ¿cómo se adapta el *trabajo físico* o la parte de la *acción* en su receta para crear lo que deseamos?

Abraham: Ustedes no vinieron aquí a crear a través de la *acción*. Más bien, su *acción* se supone que sea la forma de disfrutar lo que han creado a través del *pensamiento*. Cuando se toman el tiempo de pensar deliberadamente, descubriendo el poder de alinear los pensamientos de sus deseos con las creencias y expectativas correspondientes, la *Ley de Atracción* les brindará los resultados que anhelan. Sin embargo, si no se toman el tiempo de alinear sus pensamientos, no hay suficiente acción en el mundo que pueda compensar esa falta de alineación.

La acción que es inspirada por los pensamientos alineados es una acción gozosa. La acción que es ofrecida desde un lugar de pensamientos contradictorios, es trabajo arduo insatisfactorio y no produce buenos resultados. Cuando realmente sientes que debes actuar de inmediato, es una señal clara de que tu vibración es pura y que no tienes pensamientos contradictorios con tu deseo. Cuando te está costando mucho trabajo hacer algo cuando la acción no produce los resultados que anhelas, siempre es debido a que estás pensando en contradicción con tus deseos.

Ustedes son básicamente Seres de acciones físicas en estos momentos porque no comprenden el poder de sus pensamientos. Cuando aprendan a aplicar mejor sus pensamientos deliberados, no tendrán que actuar tanto.

Estoy cimentando mis circunstancias futuras

Con frecuencia nos dicen: "Bueno Abraham, pero tengo que hacer algo, no puedo pasarme el día pensando." Y estamos de acuerdo en que sus vidas sean así, y que requieran acción. Pero si estuviéramos en sus zapatos físicos, comenzaríamos hoy a pensar deliberadamente en las cosas que son importantes para nosotros. Y cuando nos descubriéramos pensando en las cosas que no deseamos (pensamientos que están siempre acompañados de emociones negativas), nos detendríamos y haríamos un esfuerzo por encontrar una forma de pensar que nos haría sentir mejor al respecto. Y con el tiempo las cosas empezarían a mejorar en todos los aspectos.

Digamos que estás caminando por la calle y te encuentras con un matón (según tu opinión) golpeando a alguien más pequeño. ¡Es preciso hacer algo de inmediato! Tus opciones, en esa etapa de la manifestación son: alejarte y dejar que le hagan daño a la persona más pequeña o involucrarte y quizá arriesgarte a que te hagan daño. Ninguna de las opciones es satisfactoria.

Entonces, haz lo que decidas hacer pero no te quedes con ese pensamiento en ese momento. Reúne imágenes positivas de personas viviendo en más armonía, *llévalas* a tu *Taller* y haz que *ese* tipo de ideas sean las vibraciones más activas en tu interior. Y con el tiempo, la *Ley de Atracción* no te llevará a situaciones en donde parezca no haber opciones positivas.

Aquel que se ve a sí mismo como un "salvador," salvando a los pequeños seres de los grandes, terminará encontrando a menudo personas que necesitan ser salvadas... Y si es su deseo tener este tipo de experiencias, entonces sigan pensando en ese tipo de experiencias, y la *Ley de Atracción* seguirá *atrayéndolas* en sus vidas. *Los temas de sus pensamientos están cimentando sus experiencias futuras.*

Cómo realiza el Universo nuestros diversos deseos

Jerry: Yo solía decirle a la gente que he observado que las personas que trabajan más en la vida tienen menos y que aquellos que trabajan menos tienen más. Y, sin embargo, alguien tiene que cultivar las papas, ordeñar las vacas, perforar los pozos petroleros y realizar los denominados *trabajos duros*. Explíquenme entonces, Abraham, ¿cómo podemos hacer para que cada uno tenga, sea y haga, de todas formas, todo lo que desea, sin importar el tipo de trabajo que haya que hacer?

Abraham: Ustedes viven en lo que vemos como un Universo perfectamente equilibrado. Ustedes son como chefs en una cocina muy bien dotada, y todos los ingredientes que jamás se hayan imaginado están aquí en proporciones abundantes para crear cualquier tipo de receta que deseen. Cuando en verdad *no* desean hacer algo, es difícil imaginar que otra persona pueda *desear* hacerlo o que haya alguien a quien no le importe hacerlo.

Estamos seguros de que si su sociedad decidiera que no desea realizar ciertas labores, por el poder de su deseo, encontraría otra manera de hacerlo o de no necesitarlo. Es común en una sociedad alcanzar el punto en que ya no exista el deseo de algo; entonces cesa de existir, siendo entonces reemplazado con una intención nueva y mejorada.

¿En qué difiere la vida física de lo No Físico?

Jerry: ¿Cuáles son las diferencias más importantes entre *nuestra* vida física aquí y *su* vida en la dimensión No Física? ¿Qué tenemos aquí en la Tierra que *ustedes* no tengan?

Abraham: Puesto que ustedes son una extensión física de lo que somos, también experimentamos mucho de lo que ustedes experimentan. Sin embargo, no nos permitimos enfocarnos en las cosas que *les* desagradan a *ustedes*. Nos enfocamos principalmente en lo que *deseamos* y, por lo tanto, no sentimos las emociones negativas que ustedes sienten.

Ustedes tienen la capacidad de sentirse como nosotros, y de hecho, cuando se sienten *agradecidos*, por ejemplo, o cuando sienten *amor*, la emoción que sienten es la señal de que están observando la situación de la misma forma en que lo hacemos nosotros.

No hay separación entre lo que ustedes conocen como el mundo físico y lo que ven como nuestro mundo No Físico; sin embargo, en el mundo No Físico, nuestros pensamientos son más puros. No luchamos contra lo que no deseamos. No pensamos en la ausencia de lo que deseamos. *Prestamos atención total a nuestros deseos continuamente en evolución.*

Su mundo físico, la Tierra, es un ambiente agradable para sintonizar más claramente sus conocimientos, porque aquí sus pensamientos no se traducen en un equivalente instantáneo, ustedes tienen un <u>intermedio de tiempo</u>. Cuando comienzan a pensar en lo que desean, deben estar muy claros (lo suficiente como para sentir emoción) antes de comenzar el proceso de Atracción. E incluso, entonces, deben *permtirlo* y *esperarlo* en su experiencia antes de que se manifieste. Ese *intermedio de tiempo* les ofrece la gran oportunidad de aclarar mucho más lo deseable que ese pensamiento se *siente*.

Si estuvieran en una dimensión en donde manifestaran de inmediato, pasarían más tiempo tratando de deshacer sus errores (tal como muchos de ustedes están haciendo de todas maneras) que creando las cosas que desean.

¿Qué impide que se manifieste cada pensamiento indeseado?

Jerry: ¿Qué es lo que ocurre en esa zona de *intermedio de tiempo*, que selecciona lo indeseado de nuestros pensamientos antes de que se manifiesten físicamente?

Abraham: En la mayoría de los casos, no es "seleccionado". La mayoría de las personas tiene un poquito de lo que les gusta y un poquito de lo que no les gusta. *La mayor parte de las personas está creando casi todo en sus vidas de forma inconsciente, porque no entienden las reglas del juego. No entienden todavía las Leyes.*

Pero hay otras personas que han llegado a comprender las *Leyes Universales Eternas* (y nos referimos a que existen incluso si ustedes las ignoran, y existen en todas las dimensiones). Para estas personas, su conciencia de lo que *sienten* es lo que marca la diferencia en la forma en que se manifiestan sus pensamientos.

¿Debo visualizar los medios de la manifestación?

Jerry: Abraham, cuando estamos visualizando o pensando en algo que deseamos, ¿deberíamos buscar los *medios* (o la *manera*) de obtenerlo así como *lo que sea* que deseamos? ¿O sería más inteligente visualizar solamente el resultado final y dejar que la *forma* se resuelva por sí misma?

Abraham: Si ya decidieron que desean participar en la *manera* específica para lograrlo, entonces está bien que le presten atención.

La sencilla clave para determinar si no han sido lo suficientemente específicos o han sido demasiado específicos, es la forma en que se *sienten*. En otras palabras, cuando están en su *Taller*, los detalles de su pensamiento atraerán entusiasmo o emoción positiva; pero si se vuelven demasiado específicos antes de recolectar suficientes datos, entonces podrían sentir duda o preocupación. *Y entonces, reconocer el equilibrio de sus intenciones es un asunto de ponerle atención a lo que sienten... Sean lo suficientemente específicos como para sentir emoción positiva, pero no tanto como para que comiencen a sentir emoción negativa.*

Cuando hablan de lo <u>que</u> desean y <u>por qué</u> lo desean, por lo general se sienten bien. Sin embargo, cuando hablan de lo <u>que</u> desean y <u>cómo</u> harán para tenerlo, si no ven en ese momento un método de lograrlo, ese pensamiento específico los hará sentirse peor. Si hablan de <u>quién</u> podrá ayudarlos, <u>cuándo</u> va a ocurrir o <u>de dónde</u> llegará y no tienen esas respuestas, entonces esos detalles están obstaculizando más que ayudando. <u>*Es cuestión de ser lo más específicos posible, siempre y cuando se sigan sintiendo bien.*</u>

¿Soy demasiado específico en mis deseos?

Jerry: Digamos que me gustaría ser un maestro en una situación de mucha alegría. ¿Sería una ventaja decir: "Bien, entonces debo decidir si deseo enseñar historia, matemáticas o filosofía o si deseo ser maestro de secundaria o algo distinto"?

Abraham: Cuando piensas en las *razones* por las cuales quieres ser maestro: *quiero hacer que las personas se sientan bien al aprender las cosas que he descubierto relacionadas a mis conocimientos,* tu emoción positiva indica que tus pensamientos están ayudando a tu creación. Sin embargo, si te pones a pensar: *pero no conozco tan bien este tema* o *no hay libertad para los estudiantes en este sistema escolar actual* o *recuerdo lo reprimido que me sentía cuando era estudiante* o *nunca tuve un maestro que me gustara,* estos pensamientos no te hacen sentir bien, y los *detalles* del tema están obstaculizando su gloriosa creación.

La cuestión no es si debes ser o no específico. La cuestión es la dirección del pensamiento. Lo que estás tratando de conseguir son pensamientos que te hagan sentir bien. Entonces, piensa en lo que te hace sentir bien y comprende que es más fácil cuando generalizas tu enfoque, y entonces desde ese lugar en que te sientes bien, sigue añadiendo más y más detalles hasta que puedas ser muy específico y sentirte bien al mismo tiempo. Esta es la mejor forma de crear.

Jerry: ¿No sería mejor vislumbrar la esencia del resultado final y dejar que los detalles se resuelvan por sí solos por completo?

Abraham: Esa es una buena forma de hacerlo. Adelantarse hasta ver el feliz resultado que buscas. Imaginar que ya has conseguido tu deseo. Y desde ese lugar en donde te sientes bien, atraerás los pensamientos, las personas, las circunstancias y los eventos específicos que harán que se haga realidad.

Jerry: Entonces, ¿qué tan específicos respecto al resultado final nos recomiendas que deseemos?

Abraham: *Especifiquen todos los detalles que deseen, siempre y cuando se sigan sintiendo bien.*

¿Puedo borrar cualquier idea desventajosa del pasado?

Jerry: ¿Hay alguna forma de borrar, en este momento, la pizarra de todas las experiencias, ideas y creencias pasadas que no han sido útiles en la creación gozosa?

Abraham: No puedes ver una experiencia indeseada y anunciar que ya no vas a volver a pensar en *eso,* porque en ese momento *la estás* pensando. Pero puedes pensar en otra cosa, y al poner tu atención en otra cosa, ese tema indeseado de tu pasado pierde su poder y, con el tiempo, ya no lo piensas más. *En vez de tratar con tanto ardor de borrar el pasado, enfócate en el presente. Piensa en lo que deseas ahora.*

¿Cómo puede uno revertir una espiral en picada?

Jerry: Si se encontrara uno en una espiral en picada, en donde todas las cosas importantes parecieran derrumbarse o devaluarse, ¿cómo podría detener el movimiento negativo descendiente y regresar hacia la dirección ascendente positiva?

Abraham: Excelente pregunta. Esa "espiral en picada" es la *Ley de Atracción* en acción. En otras palabras, comenzó con un pensamiento ligeramente negativo. Luego más pensamientos llegaron, más personas fueron atraídas, más conversaciones, hasta que se convirtió en algo muy poderoso, algo que ustedes llaman una espiral en picada. Se necesita ser muy fuerte para llevar sus pensamientos desde lo que no se desea cuando es así de intenso. En otras palaras, cuando te duele muy fuerte un dedo del pie, es difícil imaginarte un pie saludable. *En situaciones extremadamente negativas, les sugerimos distraerse en vez de tratar de cambiar los pensamientos. Es decir, dormir o ir al cine; escuchar música, acariciar su mascota..., hacer algo que haga que cambien sus pensamientos.*

Incluso cuando están en lo que ustedes llaman "una espiral en picada," algunas cosas en sus vidas son mejores que otras. Cuando se enfocan en lo mejor que tienen, incluso si es una pequeña parte de lo que está ocurriendo, la *Ley de Atracción* les trae más de eso. *Pueden reemplazar una "espiral en picada" que va a toda velocidad, por una "espiral en ascenso" a toda velocidad, cambiando sus pensamientos más y más hacia las cosas que sí quieren.*

¿Qué ocurre cuando dos personas compiten por el mismo trofeo?

Jerry: Desde el punto de vista de una competencia, cuando una persona *gana* el trofeo significa que la otra persona lo *pierde*, ¿cómo pueden ambas obtener lo que desean?

Abraham: Reconociendo que hay "trofeos" ilimitados. Cuando ustedes se *colocan* en una competencia sabiendo que solamente *hay* un trofeo, se están colocando automáticamente en una situación en donde saben que solamente una persona ganará ese trofeo. La persona que tiene mayor claridad, que tiene el deseo más intenso y la mayor expectativa de ganarlo, ganará...

La competencia puede serles útil porque estimula su deseo, pero puede ser desventajosa si entorpece su creencia en el éxito. Encuentren la manera de divertirse en la competencia. Busquen las ventajas que les traen, incluso si no se llevan a casa el trofeo. Y cuando se sienten bien, independientemente de todo, ganarán lo que consideramos el mejor trofeo de todos. Ganan *Conexión*. Ganan claridad. Ganan vitalidad. Ganan alineación con su Ser Interior. Y con esa actitud, traerán a casa más trofeos.

En este Universo ilimitado, no hay necesidad de competir por los recursos, puesto que estos son ilimitados. Puedes privarte de recibirlos y, por consiguiente, percibir una escasez, pero en verdad es tu propia creación.

Si puedes imaginarlo, es real

Jerry: ¿Hay algo que ustedes podrían considerar poco realista?

Abraham: *Si son capaces de imaginarlo, entonces no es "poco realista." Si desde esta realidad de tiempo y espacio, han sido capaces de crear el deseo, esta realidad de tiempo y espacio tiene los recursos para realizarlo. Lo único que hace falta de su parte es su alineación vibratoria con su deseo.*

Jerry: Bien, si puedo *vislumbrarlo* de alguna manera, ¿quiere decir que lo he *imaginado*?

Abraham: Mientras se *vislumbran* viviendo lo que están *imaginando,* están atrayendo las circunstancias en medio de las cuales descubrirán la manera de crearlo.

¿Es posible usar estos principios con fines "malévolos"?

Jerry: ¿Podría una persona usar el mismo proceso de creación que ustedes enseñan para crear algo que algunos llamarían "malévolo," como quitarle la vida a otras personas o quitarle cosas a los demás en contra de su voluntad?

Abraham: ¿Que si es posible para *alguien* crear lo que desea, aun en el caso de que *tú* no quieras que esa persona lo desee?

Jerry: Sí.

Abraham: Así es. Porque sea lo que sea que *ellos* deseen... pueden atraerlo.

¿Hay más poder en la cocreación grupal?

Jerry: ¿Podemos sintetizar nuestro poder o nuestra habilidad de crear algo, reuniéndonos en un grupo de personas?

Abraham: La *ventaja* de reunirse para crear algo, es que puede estimular y mejorar el deseo. La *desventaja* es que al haber más de una persona, es más difícil mantenerse todos enfocados en lo que desean... *Individualmente, ustedes tienen suficiente poder como para crear cualquier cosa que puedan imaginar. Por consiguiente, no es necesario reunirse. Sin embargo, ¡puede ser divertido hacerlo!*

¿Qué ocurre cuando alguien no desea que yo tenga éxito en algo?

Jerry: ¿Es posible crear con efectividad cuando estamos en la compañía de personas que se oponen fuertemente a lo que nosotros deseamos?

Abraham: Al enfocarte en lo que *tú* deseas, puedes ignorar la oposición ajena. Si te opones a su oposición, sin embargo, no estarías enfocándote en lo que deseas y tu creación se afectaría. Es más fácil alejarse e ir a un lugar adonde ya no haga falta enfocarse en la oposición, con el fin de permanecer enfocado en su deseo. Pero, si deben alejarse de alguien debido al potencial de su oposición, entonces tendrían también que salir de la ciudad, porque es seguro que siempre habrá personas que no estén en total acuerdo con sus ideas; entonces, tendrían que salir del país y de la faz del planeta. *No hace falta alejarse de la oposición. Solamente enfóquense en lo que cada uno de ustedes desea, y por el poder de su propia claridad, serán capaces de crear positivamente en cualquier circunstancia.*

Jerry: ¿Están diciendo que recibiremos la esencia de cualquier cosa en la que pensemos, ya sea algo que queremos o algo que no queremos, siempre y cuando haya una emoción conectada al deseo?

Abraham: Si están pensando en algo y permanecen enfocados el tiempo suficiente, la *Ley de Atracción* les entrega más y más pensamientos relacionados, hasta que sea tan claro que les provoque emoción. *Cualquier cosa en la que piensen, si siguen haciéndolo, será eventualmente lo suficientemente poderosa como para atraer su esencia en su vida.*

¿Cómo puedo usar mi flujo impulsor de crecimiento?

Jerry: Abraham, ¿cómo podemos llegar a un estado de permitir el flujo, en donde el impulso que hemos creado esté ahora incrementando nuestro crecimiento, es decir, hacia nuestro avance?

Abraham: Encontrando un detalle que los haga sentir bien cuando lo piensen y luego enfocándose en él hasta que *Ley de Atracción* les traiga más y más. Mientras más piensan en lo que desean, más emoción positiva provocan... Y mientras más emoción positiva provocan, más sabrán que están pensando en lo que desean. Y así, es cuestión de tomar, de manera deliberada y consciente, la decisión de cuál dirección de flujo desean tomar.

Todo el mundo, sin excepción, está atrayendo todo lo que llega a su vida, pero cuando ustedes deciden deliberadamente la dirección de sus pensamientos, guiando sutilmente su atención hacia pensamientos que los hagan sentirse mejor, ya no crearán cosas indeseadas inconscientemente. Su percepción consciente de la poderosa *Ley de Atracción,* asociada con su determinación de prestarle atención a sus emociones y a su deseo de sentirse bien, hará que experimenten la alegría de la *Creación Deliberada.*

᳒᳒᳒ ᳚᳚᳚

CUARTA PARTE

El *Arte* de *Permitir*

El *Arte de Permitir:* Definición

Jerry: Abraham, el tema que viene a continuación, ha sido el más impactante para mí, en el sentido de que me ha ofrecido un nuevo entendimiento ya que jamás lo había pensado desde la perspectiva y la claridad que ustedes lo expresan. Se trata del *Arte de Permitir.* ¿Nos hablan de eso, por favor?

Abraham: Estamos muy entusiasmados ante la idea de ayudarlos a recordar su papel en el *Arte de Permitir,* porque la aplicación y la comprensión deliberada de esta *Ley* es lo que hace que todo se concrete para ustedes. Está siempre respondiéndoles y ofreciéndoles resultados exactos, los cuales siempre concuerdan con lo que ustedes están pensando. Pero la aplicación deliberada del *Arte de Permitir* requiere que ustedes sean conscientes de lo que sienten para que elijan la dirección de sus pensamientos. La comprensión de esta *Ley,* es lo que determina si están creando *intencional* o *inconscientemente.*

Hemos puesto el *Arte de Permitir* en este orden, después de la *Ley de Atracción* en primer lugar, y la *Ciencia de la Creación Deliberada* en segundo lugar, porque no se puede comenzar a entender el

Arte de Permitir hasta no haber comprendido las dos primeras.

Lo que quiere decir el *Arte de Permitir* es: *Soy lo que soy y así me siento feliz, lo cual me produce alegría. Y tú eres lo que eres, y aunque eres quizás distinto a mí, también está bien*... *Puesto que soy capaz de enfocarme en lo que deseo, a pesar de que las diferencias entre nosotros sean dramáticas, no siento emoción negativa, porque soy lo suficientemente sabio como para no enfocarme en las cosas que me causan dolor. He llegado a comprender, mientras aplico el Arte de Permitir, que no me he manifestado en este mundo físico para que todo el mundo siga la "verdad" que considero es la única verdad que existe. No he venido aquí a exhortar el conformismo ni la igualdad repetitiva, porque soy lo suficientemente sabio como para comprender que en la igualdad repetitiva y en el conformismo no existe la diversidad que estimula la creatividad. Al enfocarme en atraer el conformismo, me estoy dirigiendo hacia la finalización en vez de la continuación de la creación.*

Y así, el *Arte de Permitir* es absolutamente esencial para la continuación o para la supervivencia de las especies, de este planeta y de este Universo, y esa continuación es permitida por el poder de la perspectiva más amplia de la Fuente. Ustedes, desde su perspectiva física, pueden no estar permitiendo su propia expansión y, cuando no lo hacen, se sienten descompuestos. Y cuando no *permiten* a los demás hacerlo, ustedes también se sienten descompuestos.

Cuando ven una situación que les molesta y deciden que no van a hacer nada para tratar de detenerlo o cambiarlo, están *tolerando* la situación. Esto es muy distinto a lo que nos referimos por *permitir. Permitir* es el arte de encontrar la forma de ver las cosas, de manera que se mantenga su conexión con su Ser Interior al mismo tiempo. Esto se logra al filtrar selectivamente los datos de su realidad de tiempo y espacio, y enfocándose en las cosas que los hacen sentir bien. Se trata de usar su *Sistema de Guía Emocional* para ayudarlos a determinar la dirección de sus pensamientos.

¿Debo protegerme de los pensamientos ajenos?

Jerry: La pregunta más difícil para mí desde el principio era: ¿cómo podemos protegernos de las personas que piensan distinto a nosotros, tan distinto que podrían llegar a invadir incluso nuestro espacio?

Abraham: Bien. Esa es la razón por la cual decimos que antes de comprender y aceptar el *Arte de Permitir*, deben comprender la *Ley de Atracción* y la *Ciencia de la Creación Deliberada*. Porque, en verdad, si no comprenden cómo algo les llega, entonces lo temen. Si no comprenden que nadie puede llegar a su experiencia a menos que ustedes lo inviten por medio de sus pensamientos, pues, por supuesto que les preocupa lo que hagan los demás. Pero cuando comprenden que nada llega a su experiencia a menos que lo inviten por medio de sus pensamientos, con emoción y gran expectativa, a menos que logren en verdad este delicado equilibrio, no llegarán a recibir.

Cuando comprenden estas poderosas *Leyes Universales,* ya no necesitan muros, barricadas, ejércitos, guerras ni cárceles, porque comprenden que son libres para crear su mundo como lo desean, mientras que otras personas están creando su mundo según lo desean, sus opciones no tienen por qué ser amenazadoras para ustedes. No pueden disfrutar de la libertad absoluta sin este conocimiento.

En este mundo físico, hay cosas con las cuales están en total *armonía* y otras cosas con las cuales están en total *falta de armonía*, y hay un poco de todo en el medio. Pero ustedes no han venido a destruir ni a incluir todo aquello con lo que no están de acuerdo, porque eso cambia constantemente. Más bien, han venido a identificar, momento a momento, segmento por segmento, día a día, año tras año, lo que *ustedes* desean, y a usar el poder de sus pensamientos para enfocarse y permitir que el poder de la *Ley de Atracción* lo atraiga hacia ustedes.

No somos vulnerables a las conductas ajenas

La razón por la cual la mayoría de las personas no están dispuestas a permitir lo que otras personas hacen, es debido a que en su falta de comprensión de la *Ley de Atracción,* creen, de manera incorrecta, que las experiencias indeseadas pueden infiltrarse o aparecer de la nada en sus vidas. Cuando tienen experiencias indeseadas o ven a otras personas viviéndolas, asumen que como nadie escogería deliberadamente esas malas experiencias, la amenaza debe ser real. Temen que si se les ha permitido a otras personas actuar así, va a llegar a ocurrirles a ellos también. En su incomprensión de la *Ley de Atracción,* se sienten a la defensiva y vulnerables, entonces se construyen muros, se alistan los ejércitos desde este punto de vulnerabilidad, pero sin ningún provecho. Porque luchar contra las cosas indeseadas solamente produce más cosas no deseadas.

No les estamos ofreciendo estas palabras para que liberen su mundo de todo su contraste, porque ese mismo contraste que quisieran eliminar es responsable de la expansión de *Todo-Lo-Que-Es.* Les ofrecemos estas palabras, porque comprendemos que es posible que ustedes lleven vidas alegres en medio de la enorme variedad que existe. Estas palabras son para ayudarlos a encontrar la libertad personal que solamente pueden experimentar cuando comprenden y aplican las *Leyes del Universo.*

Hasta que las primeras *Leyes* no son comprendidas y aplicadas, el *Arte de Permitir* no puede ser comprendido o aplicado, porque no es posible que estés dispuesto a *permitir* a los demás hasta que comprendas que lo que ellos hacen o dicen no te afecta. Puesto que tus sentimientos, aquellos que provienen de la médula de tu Ser, son tan poderosos, que al desear preservar tu propio ser, no puedes y no *permites* que nadie sea una amenaza para ti.

Estas Leyes que les presentamos son Eternas, lo que significa que son para siempre. Son absolutas, ya sea que ustedes lo sepan o no; existen, acepten o no su existencia, e influyen en sus vidas, lo sepan o no.

Las reglas del juego de la vida

Cuando usamos la palabra *Ley,* no nos referimos a los acuerdos terrenales que muchos de ustedes denominan *ley.* Tienen la ley de gravedad, tienen la ley de tiempo y espacio, y tienen muchas leyes, incluso leyes que controlan el tráfico y la conducta de sus ciudadanos. Pero cuando *nosotros* usamos la palabra *Ley,* estamos hablando de las *Leyes Universales* eternas y omnipresentes. Y no hay tantas como ustedes podrían creerlo.

Si llegan a comprender y a aplicar estas tres *Leyes* básicas, comprenderán cómo funciona el Universo. Comprenderán la forma en que todo llega a sus vidas. Reconocerán que ustedes son quienes invitan, crean y atraen todas las cosas en sus vidas, y tendrán, en última instancia, el control deliberado de sus vidas. Y entonces, solamente entonces, se sentirán libres, porque la libertad proviene de la comprensión de *cómo* obtienen lo que obtienen.

Ahora les expresaremos las reglas del juego de su experiencia física y lo haremos con mucho entusiasmo, pues son las mismas reglas de juego de toda la vida, ya sea la experiencia de vida física o la experiencia de vida No Física.

La *Ley* más poderosa en el *Universo,* la *Ley de Atracción,* dice simplemente que todo lo que es similar se atrae. Puedes haber notado que cuando comienzan a ocurrir cosas malas en tu vida, parece que todo saliera mal. Pero cuando te levantas en la mañana sintiéndote bien, pasas un día más feliz. Sin embargo, cuando comienzas tu día con una discusión con alguien, descubres que el resto de tu día es muy negativo en muchos aspectos: esa es tu percepción de la *Ley de Atracción.* Y, de hecho, todo lo que vives, desde lo más obvio hasta lo más sutil, está influido por esta poderosa *Ley...;* cuando piensas en algo que te gusta, la *Ley de Atracción* atrae hacia ti otros pensamientos similares. Cuando piensas en algo que te disgusta, la *Ley de Atracción* atrae hacia ti pensamientos similares hasta que te descubres buscando en el pasado pensamientos similares; y te descubres discutiendo con los demás sobre el tema, hasta que te rodeas de pensamientos mucho mayores y cada vez más intensos. Y mientras este pensamiento crece y se intensifica, va ganando impulso, va obteniendo poder..., poder de atracción. Comprender esta *Ley* te coloca en una posición en donde puedes decidir enfocar tus pensamientos *solamente* en la dirección de lo que *deseas* atraer a tu experiencia, mientras que decides alejar tu atención de los pensamientos que no deseas atraer a tu vida.

Ahora bien, la *Ciencia de la Creación Deliberada* se describe así:

atraigo lo que pienso. Mis pensamientos provocan emociones fuertes, lo cual hace que atraiga con mayor rapidez. Y una vez que lo determino firmemente con pensamientos que provocan emociones, entonces, mientras espero lo que pienso, lo obtengo.

El equilibrio de la *Creación Deliberada* tiene algo así como dos facetas. Por un lado, están los pensamientos y, por el otro, está la expectativa o la creencia o *Permitir*. Entonces, cuando has pensado en algo y ahora lo esperas o crees que así será, ya estás en la posición perfecta para recibir el tema de tus pensamientos. Esta es la razón por la cual recibes lo que piensas, lo desees o no. Tus pensamientos son imanes poderosos y atrayentes, se atraen entre sí. *Los pensamientos se atraen entre sí, y tú atraes los pensamientos al prestarles atención.*

Es mucho más fácil ver estas *Leyes* en acción cuando miran las experiencias ajenas. Advierten que las personas que hablan más de prosperidad, la tienen. Las personas que hablan más sobre la salud, la tienen. Las que hablan más de enfermedades, las tienen. Las que hablan más de pobreza, la tienen. Es la *Ley*. No puede ser de otro modo. *Lo que sientes es tu <u>punto de atracción</u> y así, la <u>Ley de Atracción</u> se comprende mejor cuando te ves como un imán, obteniendo más y más de lo que sientes.* Cuando te *sientes* solo, atraes más soledad. Cuando te *sientes* pobre, atraes más pobreza. Cuando te *sientes* enfermo, atraes más enfermedad. Cuando te *sientes* infeliz, atraes más infelicidad. Cuando te *sientes* sano y lleno de energía y de prosperidad, atraes más de eso mismo.

Las experiencias de la vida, y no las palabras, son las que nos dan sabiduría

Somos maestros y en todas nuestras experiencias enseñando, hemos aprendido el hecho más importante: *las palabras no enseñan, son las experiencias de vida las que les proporcionan sabiduría.* Los animamos para que reflexionen sobre sus propias vidas, a recordar aquellas cosas que han experimentado antes; y comiencen a observar, desde este punto hacia delante, la absoluta correlación entre las palabras que están leyendo en este libro y la vida que están viviendo. Y entonces, cuando comiencen a advertir que están obteniendo lo que están pensando, solo entonces querrán prestarle atención (de hecho, a tener el control deliberado) a sus pensamientos.

Controlar sus pensamientos será más fácil cuando tomen la decisión de hacerlo. Piensan en las cosas que no desean, en gran parte porque no comprenden lo dañino que es para su experiencia. Porque aquellos de ustedes que *no* desean las experiencias negativas, y aquellos de entre ustedes que *desean* las experiencias positivas, *una vez que reconocen que pensar en lo que no desean solamente atrae más de lo que no desean en sus vidas, notarán que controlar sus pensamientos no será algo difícil, porque su deseo de hacerlo será muy intenso.*

En vez de supervisar mis pensamientos, sentiré mis emociones

Supervisar sus pensamientos no es algo fácil de hacer, porque mientras supervisan sus pensamientos, no tienen tiempo de pensar en ellos. Y así, en vez de supervisar sus pensamientos, les ofrecemos una alternativa. Unas pocas personas comprenden que mientras son Seres físicos, enfocados a través de este equipo físico, hay simultáneamente una parte de ustedes, una parte más amplia, más sabia y ciertamente mucho más vieja, que existe al mismo tiempo, y que se comunica con ustedes (nos referimos a su Ser Interior). La comunicación puede tomar varias formas. Puede llegar en la forma de un pensamiento claro y vívido, incluso como una voz audible a veces, pero en todos los casos, llega a ustedes en forma de emociones.

Ustedes programaron, antes de manifestarse, que existiría un acuerdo de comunicación con su Ser Interior. Y estuvieron de acuerdo en que sería en forma de sentimientos, sentimientos que no podrían ser omitidos, en vez de un estímulo de pensamientos o palabras que sí podrían ser omitidos. Porque, mientras están pensando, podrían no siempre recibir un pensamiento distinto al que está siendo ofrecido en ese momento. Así como cuando están pensando o reflexionando, algunas veces no escuchan lo que dice la persona que está en la misma habitación que ustedes. Y entonces, el proceso de sentimiento, del tipo de emoción, es un proceso muy bueno de comunicación.

Hay dos emociones: una se siente bien y otra se siente mal. Y estuvieron de acuerdo en que el sentimiento que se siente bien tendría lugar cuando están pensando, hablando o haciendo algo que estuviera en armonía con lo que desean; mientras que estuvieron de acuerdo en que un sentimiento que se siente mal sería ofrecido cuando estén hablando, pensando o actuando en una dirección que no estuviera en armonía con sus intenciones. No es necesario entonces que supervisen sus pensamientos. Solo deben estar atentos a lo que sienten, y en cualquier momento que sientan una emoción negativa, reconocer, en el momento de la emoción, que están creando lo opuesto a sus deseos. En el momento de la emoción negativa están pensando en algo que no desean, atrayendo, por consiguiente, la esencia de lo mismo en sus vidas. La creación es el proceso de atracción; cuando piensan en algo, atraen el tema de sus pensamientos.

Cuando tolero a los demás, no estoy *Permitiendo*

Esta obra está preparada para que ustedes comprendan que no hay nadie que sea una amenaza para ustedes. Porque ustedes están en control de su propia experiencia. El *Arte de Permitir,* el cual dice, *soy lo que soy y estoy dispuesto a permitir que los demás sean lo que son,* es la *Ley* que los llevará a la libertad total, libertad de cualquier experiencia que no deseen, y libertad de cualquier respuesta negativa a cualquier experiencia que ustedes no aprueben.

Cuando les decimos que es bueno ser un *Permisor,* muchos malinterpretan lo que queremos decir, porque piensan que *Permitir* significa *tolerar.* Ustedes serán lo que son (aquello que según sus estándares es lo apropiado), y dejarán que todo el mundo sea lo que desea ser, incluso si a ustedes no les gusta. Sentirán algo negativo al respecto, sentirán pena por ellos; podrían incluso temer por ustedes pero, en todo caso, dejarán que sean como son, pero de una manera tolerante.

Cuando están *tolerando,* no están *Permitiendo.* Son dos cosas diferentes. El que *tolera* siente emociones negativas, el que *permite* no las siente. Y hay una gran diferencia, porque es en la ausencia de la emoción negativa que se halla la libertad. No pueden experimentar la libertad cuando sienten emociones negativas.

La tolerancia puede ser una ventaja para los demás porque ustedes no están siendo un obstáculo para lo que ellos quieren. Pero la tolerancia no es una ventaja para *ustedes,* porque mientras están siendo tolerantes, siguen sintiendo emociones negativas y, por consiguiente, siguen atrayendo de forma negativa. Una vez que se convierten en *Permisores,* dejarán de atraer en sus vidas esas cosas indeseadas y experimentarán la libertad y la alegría absolutas.

¿Estoy buscando soluciones u observando problemas?

Muchos dirían: "Abraham, ¿quieren decir que esconda mi cabeza bajo la tierra? ¿Que no debo observar ni ver a las personas que me causan problemas? ¿No debería buscar una oportunidad de ayudarlos?" Y les decimos: si intentan realizar algún tipo de ayuda, quiere decir que su mira está puesta en el *problema* y no en la *ayuda,* y eso es muy distinto. *Cuando están buscando una solución, sienten emoción positiva, cuando están viendo un problema, sienten emoción negativa.*

Pueden ser de gran ayuda para los demás viéndolos como ellos desean ser, y cuando los apoyan para que sean lo que quieren ser a través de sus palabras y de su atención. Pero, cuando ven a alguien con una racha de mala suerte, cuando ven a alguien en la miseria o sufriendo una enfermedad grave, y cuando hablan con esa persona sintiendo piedad y lástima respecto a lo que ellos no desean vivir, sienten emoción negativa, porque están contribuyendo a que esta situación permanezca. Cuando hablan con los demás sobre lo que no desean, los están ayudando a crear su miseria, porque amplifican la vibración de atracción de lo que no desean.

Si tienen amigos que sufren de enfermedades, imagínenlos en buena salud. Adviertan que cuando se enfocan en sus enfermedades, se sienten mal; pero cuando se enfocan en su posible recuperación, ustedes se sienten bien. Al enfocarse en su Bienestar, *permiten* su conexión con su *Ser Interior,* quien también los ve bien y pueden influir en la memoria de su amigo. Cuando están conectados con su *Ser Interior,* su poder de influencia es mucho mayor. Por supuesto, sus amigos pueden optar por enfocarse más en la enfermedad que en el bienestar y al hacerlo, pueden permanecer enfermos. Si ustedes dejan que sus amigos influyan en sus pensamientos les provocará una emoción en su interior. Entonces, la influencia de ellos hacia lo indeseado será más fuerte que la influencia de ustedes hacia lo deseado.

Ayudo a los demás a través del ejemplo de mi Bienestar

No puedes ayudar a los demás con tus palabras de dolor. No ayudas a los demás al reconocer que no tienen lo que desean. Los ayudas al ser tú distinto a ellos. Ayudas a los demás a través del poder y la claridad de tu propio ejemplo personal. Cuando tienes buena salud, estimulas su deseo de sentirse sanos. Cuando tienes prosperidad, los estimulas a ser prósperos. Deja que tu ejemplo los ayude. Deja que lo que está en tu corazón los haga sentirse mejor. Ayudas a los demás cuando tus pensamientos te hacen sentir bien. Haces que los demás se depriman o añades a su creación negativa, cuando tus pensamientos te hacen sentir mal. Esta es la forma en que sabes si lo estás ayudando o no.

Sabrás que has logrado el estado de *Permisor* cuando estás dispuesto a permitir a los demás, aun en el caso de que ellos no te estén permitiendo a ti, cuando seas capaz de ser lo que eres, aunque los demás no lo aprueben; cuando seas capaz de seguir siendo lo que eres y no sentir emociones negativas respecto a lo que ellos piensan de ti. Cuando puedes ver el mundo y sentir alegría todo el tiempo, eres un *Permisor.* Cuando eres capaz de saber cuáles experiencias contienen alegría y cuáles no lo hacen, y tienes la disciplina para participar solamente en aquellas en donde hay alegría habrás logrado *Permitir.*

La sutil diferencia entre *desear* y *necesitar*

Así como la diferencia entre la emoción positiva y la negativa puede a veces ser muy sutil, *así también puede ser la diferencia entre desear y necesitar.* Cuando se están enfocando en lo que *desean,* su Ser Interior ofrece una emoción positiva. Cuando se están enfocando en lo que *necesitan,* su Ser Interior ofrece una emoción negativa porque no se están enfocando en lo que desean. Por lo contrario, se están enfocando en la *carencia* de lo que desean, y su Ser Interior sabe que lo que piensan es lo que atraen. Su Ser Interior sabe que ustedes no desean la carencia; su Ser Interior sabe que ustedes desean lo que desean y su Ser Interior les está ofreciendo una guía para que conozcan la diferencia.

Enfocarse en una solución los hace sentir una emoción positiva. Enfocarse en el problema los hace sentir una emoción negativa, y mientras la diferencia sigue siendo sutil es muy importante porque cuando sienten emoción positiva, están atrayendo la experiencia que desean. Cuando sienten emoción negativa, están atrayendo la experiencia que no desean.

Puedo crear deliberada, intencional y alegremente

Podríamos entonces decir que un *Permisor* es aquel que ha aprendido la *Ciencia de la Creación Deliberada* y ha alcanzado la posición en donde no crea lo opuesto a lo que desea. Crea deliberada, intencional y alegremente. Pues la *complacencia* solo puede provenir de un lugar. La complacencia proviene solamente de desear, después permitir y luego recibir. Y así, mientras se mueven a través de esta experiencia de vida física, mantienen sus pensamientos en la dirección de lo que desean, dejan que la poderosa *Ley de Atracción* trabaje para ustedes trayendo más y más de los eventos, circunstancias y Seres que son compatibles con su experiencia, entonces descubrirán que su vida es una espiral ascendente de alegría y libertad.

¿Tienes alguna pregunta respecto al *Arte de Permitir?*

Estoy viviendo el *Arte de Permitir*

Jerry: Sí tengo preguntas, Abraham. Para mí, el *Arte de Permitir* es el tema más emocionante de todos.

Abraham: *Permitir* es lo que viniste a enseñar en esta experiencia de vida. Pero antes de enseñarlo, debes vivirlo. Por lo general, este tema es más del tipo: "alguien está haciendo algo que no me gusta; ¿cómo puedo hacer para que haga algo que me guste?" Y lo que tú has llegado a comprender es que *en vez de tratar de hacer que todo el mundo haga lo mismo, o las mismas cosas que te gustan a ti, es un plan mucho más efectivo colocarte en una posición de aceptar que todo el mundo tiene derecho a ser, hacer o tener lo que desee, y que tú, a través del poder de tus pensamientos, atraerás en tu vida solamente lo que está en armonía contigo.*

¿Cómo puedo diferenciar entre lo bueno y lo malo?

Jerry: Yo no sabía sobre el *Arte de Permitir* antes de conocerlos a ustedes, entonces la forma en que solía decidir lo que era bueno o malo para mí, si estaba considerando una acción en particular, era tratar de imaginar cómo sería el mundo si a todos les gustara hacer lo que yo hacía. Y entonces observaba si sería un mundo dichoso o agradable, y proseguía con la acción. Y si veía un mundo en el cual yo no querría vivir si *todos* lo hicieran, pues dejaba de hacerlo.

Les daré un ejemplo. Me gustaba pescar truchas en los arroyos, y al comienzo hacía lo mismo que todo el mundo. Atrapaba todos los peces que podía. Pero, luego me sentí un poco incómodo respecto a si lo que hacía era o no correcto, y pensé: *¿cómo sería el mundo si todos hicieran esto?* Y en mi imaginación me di cuenta que si todo el mundo pescara de la forma en que yo lo hacía, dejaríamos vacíos todos los arroyos y no quedarían peces para que otras personas sintieran el placer espectacular que yo sentía. Entonces mi decisión fue que no *mataría* a los peces. Los pescaría (con anzuelos sin barba), y luego, los dejaría libres. Es decir, usaría un anzuelo sin barba, y solamente sacaría del agua los peces que alguien me habría pedido para comer.

Abraham: Bien. *Lo mejor que tenemos para ofrecer es el ejemplo de lo que somos. Nuestras palabras pueden sumarse al ejemplo, nuestros pensamientos y nuestras acciones también pueden hacerlo. Pero el elemento clave, en nuestro anhelo de ayudar a mejorar este mundo, es tomar decisiones más claras respecto a lo que deseamos en cualquier momento y luego hacerlas realidad.*

Eso que hiciste, en tu ejemplo, está en armonía con lo que enseñas ahora, puesto que decidiste lo que querías, luego tu Ser Interior te ofreció emoción para ayudarte a saber si era o no la acción apropiada para ti. Es decir, una vez que tomaste la decisión de que querías mejorar el mundo, una vez que decidiste que deseabas añadir algo en vez de quitárselo en forma desproporcionada, cualquier acción que comenzaste a tomar, o que esperabas tomar, y que no hubiera estado en armonía con esa intención, te habría hecho sentir incómodo.

Exageraste tu deseo de que el mundo fuera un mejor lugar imaginando que todos hicieran lo que tú pensabas hacer, lo cual te atrajo una guía exagerada de tu interior. Es una buena forma de hacerlo. Tú no trataste de que nadie más hiciera lo mismo que tú, solamente usaste la *idea* de imaginarte a los demás haciéndolo para ayudarte a sentir claridad respecto a si era algo bueno o no para *ti*. Y fue un buen plan.

Pero, ¿qué ocurre cuando observo a los demás haciendo algo malo?

Jerry: Funcionó para mí, para que mis días de pesca fueran días de gloria absoluta y espectacular. Pero me sigo sintiendo incómodo cuando veo a otras personas pescando y matando solo por diversión... o por la razón que sea.

Abraham: Bien. Ahora hemos llegado a un punto muy importante. Mientras *tus* acciones estaban en armonía con *tus* intenciones, sentías alegría. Pero cuando las acciones *ajenas* no estaban en armonía con *tus* intenciones, no sentías alegría. Entonces, declaraste nuevas intenciones respecto a los demás. Unas buenas intenciones al respecto de los demás serían: *Ellos son lo que son, creadores de su propia experiencia, atrayendo hacia ellos, mientras yo soy el creador de mi propia experiencia, atrayendo hacia mí. Esto es el <u>Arte de Permitir</u>...* Y cuando te lo repites una y otra vez, pronto llegarás a reconocer que ellos no están en verdad haciéndole ningún daño a tu mundo como tú lo piensas sino que están creando su propio mundo. Y para ellos, puede ser un mundo que no sea para nada malo.

Lo que es difícil, es cuando estás observando un mundo que no es abundante..., cuando comienzas a pensar en función de cuántos peces hay, o cuando comienzas a pensar en función de cuánta prosperidad y abundancia existe. Porque ahí es cuando comienzas a preocuparte porque otras personas estén desperdiciando o derrochando, y que no están dejándonos nada al resto o que no haya suficiente para ti.

Cuando llegas a comprender que este Universo..., de hecho, esta experiencia física en la cual estás participando es abundante y que la abundancia es ilimitada, entonces cesarás de preocuparte. Los dejarás crear y atraer hacia *ellos mismos*, mientras que tú creas y atraes hacia *ti*.

¿Ignorar lo *indeseado* permite lo *deseado?*

Jerry: Pues bien, la forma como resolví este dilema en esencia fue que en 1970, y durante los siguientes nueve años me retiré por completo de lo que llamo el mundo exterior. Apagué mi televisor y mi radio, no volví a leer los periódicos y también me alejé de muchas personas que hablaban de las cosas que yo no quería escuchar. De nuevo, esa decisión funcionó muy bien para mí. Funcionó tan bien que durante ese periodo de nueve años lo que sentí fueron resultados magníficos en las áreas de mis relaciones importantes que evolucionaron con muchas personas, recuperar y mantener una salud física perfecta y desarrollar recursos financieros fabulosos. Fue satisfactorio como nunca antes en mi vida. Pero al cerrarme de esa manera a todo lo negativo y al mantener mi atención en mis intenciones, fue más como esconder mi cabeza bajo tierra que lo que ustedes llaman *Permitir.*

Abraham: Es muy valioso prestarle atención a lo que es importante para ti. Cuando escondiste tu cabeza bajo tierra, por decirlo así, cerrándote en gran parte a las influencias externas, lograste enfocarte en lo que era importante para ti. Cuando piensas en algo, atraes poder, claridad y resultados. Y cuando lo haces, te sientes contento, contento por haber deseado, permitido y logrado.

En cuanto a ser alguien que ignora, o entierra la cabeza bajo tierra, que no presta atención en vez de ser un *Permisor,* quizás las dos cosas se ajustan mejor de lo que piensas... *Prestar atención a lo que es importante para ti es el proceso por medio del cual permites que los demás sean lo que desean ser. Prestar atención a ti mismo, mientras permites que los demás presten atención a ellos mismos, es un proceso muy importante en el arte de convertirte en un <u>Permisor</u>.*

Jerry: En otras palabras, como estaba teniendo expectativas (aunque jamás había escuchado antes esas palabras) de que la *Ley de Atracción* y el *Proceso de la Creación Deliberada* funcionaran para mí, ¿les parece que giré automáticamente hacia la etapa de *Permitir,* en el sentido de la palabra?

Abraham: Correcto. Le estabas prestando atención a lo que era importante para ti, atrayendo por lo tanto más de lo mismo, lo cual hacía que ver televisión y leer los periódicos no fuera importante para ti. *No se trataba de que estuvieras privándote de algo que deseabas; más bien, por la <u>Ley de Atracción</u>, estabas atrayendo hacia ti lo que <u>más</u> deseabas.* Cuando observas cosas en la televisión o en los periódicos que al no desearlas te hacen sentir emociones negativas impides permitir lo que *sí* deseas.

¿Deseamos todos permitir la alegría?

Jerry: La mayoría de nosotros en forma física, ¿buscamos comprender este *Arte de Permitir?* ¿O están diciendo que solamente los que hablamos con ustedes deseamos comprenderla?

Abraham: Todos los seres que existen sobre la Tierra hoy en cuerpos físicos tuvieron la intención, antes de manifestarse en estos cuerpos, de comprender y ser un *Permisor.* Pero la mayor parte de ustedes, desde su perspectiva física, están lejos de comprenderla o desearla; ustedes prefieren *controlarse* mutuamente a *permitirse* mutuamente. No es difícil aprender a controlar la dirección de sus pensamientos, pero es casi imposible controlar a los demás.

¿Qué ocurre cuando los demás están viviendo experiencias negativas?

Jerry: Entonces, ¿es este estado de *Permitir* en el que estamos, desde algún nivel, una búsqueda, en la cual uno puede ver y estar consciente de todo lo negativo que nos rodea (o de lo que nos parece negativo desde nuestra perspectiva) y aun así permanecer alegres? ¿O no ser capaces de verlo en absoluto? ¿O no verlo como negativo?

Abraham: Todo lo anterior. Cuando te enfocaste en las cosas que eran importantes para ti, no mirabas televisión y no leías los periódicos, disfrutabas lo que hacías. Le prestabas atención a lo que era importante para ti, y la *Ley de Atracción* te trajo más y más y más poder y claridad. Entonces, lo demás sencillamente no era atraído hacia tu experiencia, porque no encajaba con tu intención de crecimiento y logros.

Cuando estás claro sobre lo que deseas, no tienes que mantenerte a la fuerza en tu sendero, porque ocurre de todas maneras por la Ley de Atracción. Entonces, no es difícil ser un Permisor. Llega simple y llanamente porque no estás interesado en las cosas que no tienen nada que ver con lo que tú eres.

Tu aparato de televisión, aunque te ofrece mucho material valioso, ofrece mucha, mucha información que tiene muy poco que ver con lo que deseas en tu vida. Muchos de ustedes se sientan a ver televisión solamente porque está ahí, porque no deciden hacer otra cosa, y ver televisión por lo general no es un acto *deliberado* sino una acción *inconsciente*. Y en este estado de ausencia de deliberación, en este estado de ausencia de decisión consciente, se están abriendo a ser influidos por cualquier cosa que les llegue. Y así, mientras están literalmente siendo bombardeados por estímulos de pensamientos de cosas indeseadas que ocurren por todas partes en su mundo, y como no han decidido en lo que *sí desean* pensar, se encuentran aceptando en su experiencia, a través del pensamiento, muchas cosas que no habrían escogido.

Esto es crear inconscientemente; pensar en algo sin hacerlo deliberadamente...; pensar en algo y, por consiguiente, atraerlo, ya sea que lo deseen o no.

Solo buscaré las cosas que deseo

Jerry: Abraham, ¿qué me dirían que debo hacer para lograr mantener este estado de *Permitir* que deseo, a pesar del hecho de que estoy consciente de que hay muchas personas a mi alrededor, quienes, desde su perspectiva, están viviendo en el sufrimiento o lo que llamo experiencias *negativas*?

Abraham: *Te sugerimos que tomes una decisión: la decisión de que no importa lo que estés haciendo hoy, no importa con quién estés, ni importa en dónde estés, que tu intención más importante sea buscar las cosas que deseas ver. Y siendo ésta tu intención predominante, por la <u>Ley de Atracción</u>, atraerás solamente las cosas que deseas atraer y verás solamente las cosas que deseas ver.*

Un *discernidor selectivo* es un atrayente selectivo

Siendo tu intención predominante la de atraer solamente lo que deseas, te convertirás en un *discernidor más selectivo*. Te convertirás en un atrayente más selectivo. Te convertirás en un observador más selectivo. Al comienzo, seguirás advirtiendo que estás atrayendo cosas que no te gustan, porque has generado algunos impulsos a raíz de pensamientos y creencias que existían antes. Pero, con el tiempo, una vez que el Bienestar sea tu intención dominante al comienzo de cada día, en 30 a 60 días comenzarás a notar que te ocurren muy pocas cosas en tu vida que no sean de tu agrado, puesto que tu impulso, tu pensamiento, te habrá llevado más lejos de lo que está ahora ocurriendo.

Es difícil ser un *Permisor* cuando ves a alguien cercano a ti haciendo algo que tú percibes como amenazador hacia ti o hacia alguien más. Y entonces, dices: "Abraham, no entiendo a qué se refieren cuando dicen que puedo alejarme de la situación con mis pensamientos, que no hace falta que tome acción alguna." Y les decimos: es a través de sus pensamientos que invitan, pero lo que están viviendo ahora es el resultado de los pensamientos que han tenido antes, así como los pensamientos que están teniendo hoy están siendo proyectados hacia su futuro. Sus pensamientos de hoy están cimentando su futuro y habrá un punto en el tiempo cuando se moverán hacia *ese* lugar del futuro, y vivirán *entonces* los resultados de los pensamientos que están teniendo *ahora,* así como hoy están viviendo los resultados de los pensamientos que tuvieron antes.

Nuestro pasado, presente y futuro como uno solo

Siempre estás pensando y no te puedes desconectar de tu pasado, presente y futuro, porque todos son uno; todos están unidos por medio del pensamiento. Y así, digamos que estás caminando por la calle y te encuentras con una pelea en donde un grandulón está golpeando a alguien más pequeño, y cuando te acercas, te llenas de emociones negativas. Cuando piensas: *voy a alejar mi mi-*

rada de esto; voy a alejarme y a hacer de cuenta que nunca ocurrió, sientes una emoción terriblemente negativa porque no deseas que ese pequeño sufra. Aquí es cuando dices: *pues voy a ir a ayudar.* Pero ahora sientes una emoción negativa porque no deseas enfrentar una situación en donde podrían romperte la cara o perder tu propia vida. Y dices: "Abraham, ¿ahora qué hago?" Estamos de acuerdo, en este ejemplo, que no haya una opción que parezca la perfecta, porque en este momento estás teniendo mucho trabajo debido a la falta de preparación en tu pasado.

Si, en tu pasado, cuando comenzabas cada día, hubieras tenido la intención de sentir seguridad, armonía, relacionarte con personas en armonía con tus intenciones, te hubiéramos asegurado que no estarías en absoluto en esta incómoda situación. Y por esa razón les decimos: lidien ahora con lo que sea que hayan escogido, pero desde hoy comiencen a programar sus pensamientos de lo que quieren en el futuro, y así no se encontrarán en una especie de incómoda emboscada en donde no importa lo que hagan, se sentirán mal.

¿Debo permitir las injusticias de las cuales soy testigo?

Hasta que comprendas *cómo* es que obtienen lo que obtienen, va a ser muy difícil que aceptes la idea de *Permitir,* porque hay demasiadas cosas que ves en este mundo que no te gustan y dices: "¿Cómo voy a permitir esta injusticia?" Les decimos: lo permites reconociendo que no es parte de tu experiencia. Y que, en la mayoría de los casos, no es en realidad tu problema. No es tu misión. Es la creación, la atracción y la experiencia de otras personas.

En vez de tratar de controlar las experiencias ajenas (lo cual es imposible hacer por mucho que lo intentes), más bien, ten la intención de controlar tu propia participación con respecto a esas experiencias. Y al programar la clara imagen de la vida que deseas vivir, cimentarás un sendero suave y agradable para ti mismo.

Mi atención a lo *indeseado* crea más de lo *indeseado*

Atraes a través del pensamiento. Obtienes lo que piensas lo desees o no. Y así, cuando les prestas atención a los conductores que no son corteses, los atraes en tu experiencia. Cuando les prestas atención a las personas que no prestan un buen servicio cuando vas de un negocio a otro, comenzarás a atraer más de esas experiencias hacia ti. *A eso que le prestas atención, en particular cuando le prestas atención emocional, es lo que atraes en tu vida.*

¿Afecta mi salud el *Arte de Permitir*?

Jerry: Abraham, quisiera cubrir una serie de temas de lo que llamo: experiencias diarias de la vida real, y quisiera que ustedes me explicaran un poco acerca de cómo ven la aplicación del *Arte de Permitir* en estas condiciones particulares. Primero que todo, respecto a la salud física, recuerdo haber vivido muchos años en mi infancia en que sufría de enfermedades físicas muy graves. Y luego recuerdo haber llegado a una etapa de mi vida en donde quería salir de todas esas enfermedades, logrando disfrutar desde ese momento de una salud maravillosa. ¿Cómo se ajusta el *Arte de Permitir* en estas dos situaciones: desde tener enfermedades graves a una salud óptima?

Abraham: Cuando has tomado la decisión sobre algo que deseas, has logrado la mitad de la ecuación de la *Creación Deliberada*. Has pensado con emoción, lo cual es *desear*. La otra parte de la ecuación de la *Creación Deliberada* es *Permitir,* o sea, esperar, dejarlo fluir... Cuando dices *deseo y permito, por lo tanto, así es,* creas con rapidez lo que sea que desees. Te estás literalmente *permitiendo* a ti mismo recibirlo porque no lo estás resistiendo, no estás luchando en su contra con otros pensamientos.

Nos has escuchado decir que cuando estás en el estado de *Permitir,* no tienes emociones negativas. El estado de *Permitir* es la liberación de nuestra negatividad, por lo tanto, cuando has lanzado tu intención deliberada de tener algo y estás sintiendo solamente emoción positiva al respecto, ya estás en el estado de *Permitir* que así sea. Y así lo tendrás.

Para tener salud en vez de enfermedad, debes pensar en la salud. Cuando tu cuerpo está enfermo, es más fácil notar la enfermedad, por lo que se requiere deseo, enfoque y voluntad para ver más allá de lo que está ocurriendo en la actualidad. Al imaginarte un cuerpo más sano en el futuro o al recordar una época en que te sentías más sano, en ese momento, tus pensamientos concordarán con tus deseos, y *entonces* estás permitiendo la mejoría de tu condición. La clave es buscar pensamientos que te hagan sentir mejor.

Permitir, desde la pobreza extrema hasta el Bienestar económico

Jerry: El siguiente tema que desearía tratar con ustedes es el área de la prosperidad y la riqueza. Durante mi infancia viví en la miseria, fue como vivir en gallineros y en tiendas de campaña y cuevas, por ejemplo. Más adelante, en 1965 encontré el libro *Piense y hágase rico,* el cual me ofreció una perspectiva distinta de cómo ver las cosas. A partir de ese día, mi vida financiera se convirtió en una espiral ascendente. Llegué a pasar de vivir en mi autobús Volkswagen a ganar millones de dólares anuales.

Abraham: ¿Qué crees que llegó a cambiar en tu perspectiva con la lectura de ese libro?

Jerry: Pues lo que más recuerdo es que comencé por primera vez en mi vida como adulto, a enfocarme casi exclusivamente en las cosas que deseaba. Aunque me gustaría conocer la perspectiva de ustedes en este caso.

Abraham: Lograste comprender que *podías* tener lo que deseabas. El deseo de vivir tu vida de esa manera ya existía, pero al leer ese libro llegaste a *creer* que era posible. Ese libro hizo que comenzaras a *permitir* que tus deseos se hicieran realidad.

Permitir, relaciones y el arte del egoísmo

Jerry: Otra área, una importante de la cual quisiera hablar con ustedes, es el tema de las relaciones. Hubo momentos en los cuales me encontraba difícil permitir que mis amigos tuvieran sus propias ideas y creencias, y que realizaran sus propias actividades "incorrectas".

Abraham: Cuando usas la palabra *permitir* en este sentido, ¿a qué te refieres?

Jerry: Yo sentía que ellos debían *pensar* y *actuar* de la manera en que yo pensaba que ellos debían hacerlo. Y cuando no lo hacían, me hacían sentir incómodo e incluso enojado.

Abraham: Por eso, cuando observabas lo que hacían o decían sentías emoción negativa, tu señal de que no estabas en el estado de *Permitir.*

¿No es acaso el arte del egoísmo algo inmoral?

Jerry: En esa época, pensaba que era muy generoso y altruista. Es decir, no me consideraba una persona egoísta, esperaba que los demás fueran menos egoístas y también más generosos. Y el hecho de que no lo fueran me molestaba. Luego descubrí el libro de David Seabury llamado *El arte del egoísmo,* y me hizo ver el *Egoísmo* desde otra perspectiva, logrando comprender mucho de mi negatividad debido a ese nuevo punto de vista.

Abraham: Es importante que te permitas prestar atención a lo que deseas. Hay personas que lo llaman *Egoísmo,* y lo hacen desde una perspectiva enjuiciadora o de desaprobación. Y les decimos que a menos que tengan una visión sana de sí mismos, a menos que se permitan tener lo que desean, que esperen recibir lo que desean, jamás lograrán crear deliberadamente y jamás tendrán una experiencia satisfactoria.

No permitir a los demás que sean lo que son se origina por lo general al no permitirse ustedes ser lo que son. A menudo, la cualidad que más desaprobamos en nosotros mismos es la misma cualidad que más notamos en los demás, y también la que más desaprobamos. Por eso, aceptarnos, aprobarnos, apreciarnos y permitirnos es el primer paso para apreciar, aprobar y permitir a los demás. Y eso no quiere decir que debas esperar hasta que, según tus estándares, seas perfecto o lo sean ellos, porque ese lugar de la perfección no existe puesto que ustedes son Seres que están siempre cambiando y creciendo. Significa buscar y tener la intención de ver en ustedes solamente lo que desean ver o tener la intención de ver en los demás lo que desean ver.

Nos acusan con frecuencia de enseñar el *Egoísmo* y estamos de acuerdo en que lo hacemos. Todo lo percibes desde la perspectiva de tu *individualidad;* y si no eres lo suficientemente egoísta como para insistir en tu conexión o en tu alineación con tu Ser Interior más sabio y más amplio, entonces no tendrás nada que ofrecerle a los demás. Al ser lo suficientemente egoísta como para estar atento a lo que sientes, puedes usar tu *Sistema de Guía* para alinearte con la poderosa Energía de la *Fuente,* y luego cualquier persona que tenga la fortuna de ser el objeto de *tu* atención, se beneficia.

Lo que los demás desaprueban de mí es su carencia

Si hay alguien que ve algo en ti que no aprueba, la mayoría de las veces ves esa desaprobación reflejada de regreso a través de sus propios ojos, y sientes que te has equivocado de alguna manera. Te afirmamos que no es *tu* carencia, es la *de ellos.* Es *su* incapacidad de ser *Permisores* lo que hace que se manifieste su emoción negativa, no es *tu* imperfección. Y de igual manera, cuando sientes emoción negativa por algo que ves en otra persona que no deseas ver, no es *su* carencia es la *tuya propia.*

Y así, cuando tomas la decisión de que deseas ver solamente lo que deseas ver, entonces comenzarás a ver solamente lo que te agrada y todas tus experiencias te brindarán emociones positivas, porque por la *Ley de Atracción* atraerás hacia ti solamente lo que está en armonía con lo que deseas. Al comprender el poder de tus emociones, puedes dirigir tus pensamientos, y ya no tendrás necesidad de que los demás se comporten de manera distinta para que tú te sientas bien.

Pero, ¿qué ocurre cuando alguien viola el derecho ajeno?

Jerry: Esta es otra área que me ha atraído mucha inconformidad en el pasado, y es respecto al derecho propio o ajeno, a los derechos territoriales o al derecho a nuestra propia paz. Es decir, solía molestarme mucho cuando los derechos de una persona eran violados por otra o cuando alguien tomaba a la fuerza la propiedad ajena. También, me afectaba mucho el tema de los derechos territoriales y quién debería ser permitido a entrar en nuestro país y quién no. ¿Por qué les era permitido entrar a unas personas y a otras no? Más adelante, después de conocerlos a ustedes, llegué al punto en que veía todas esas cosas que nos hacíamos como "juegos" en los que participamos más o menos como "acuerdos" mutuos hablados o no hablados. He mejorado en no sentir el dolor ajeno. Pero, ¿puedo llegar al punto en que no sienta nada negativo cuando vea a alguien violando el derecho ajeno? ¿Puedo llegar a ver lo que la gente se hace mutuamente y pensar: *ustedes se están haciendo mutuamente lo que han escogido de alguna manera hacerse?*

Abraham: Puedes. Cuando comprendes que cada uno de ellos está atrayendo a través de sus pensamientos, puedes sentirte eufórico en vez de sufrir por ellos, porque comprenderás que están cosechando la emoción negativa o positiva, dependiendo de la selección de sus pensamientos. Por supuesto, la mayoría de ellos no saben cómo están obteniendo lo que están obteniendo. Y esa es la razón por la cual hay tantas personas que creen que son víctimas. Creen que son víctimas porque no comprenden cómo están recibiendo lo que están recibiendo. No comprenden que invitan a través de sus pensamientos o de su atención. Puede ayudarte el hecho de comprender que cada experiencia hace que se aclaren tus deseos.

No hay escasez de nada

Ahora bien, mencionaste los *derechos territoriales*. Tenemos una visión más bien distinta de "territorio" de la que tienen ustedes en forma física, porque en su mundo físico ustedes siguen viendo las limitaciones. Sienten que no hay mucho espacio, que eventualmente se acabará y entonces piensan que no hay suficiente.

En su actitud de limitación, en sus sentimientos de escasez en vez de abundancia; cuando advierten que no hay suficiente espacio ni suficiente dinero, ni suficiente salud, sienten una razón para protegerse. Desde nuestra perspectiva, no hay limitaciones de nada, solamente abundancia infinita en todo los temas. Hay suficiente de todo para todos. Y así es que cuando ustedes lleguen a comprender esto, entonces cualquier sentimiento de limitación, de escasez, de necesidad y de protección, o de defensa de los derechos territoriales será inútil.

Por la *Ley de Atracción* nos atraemos. Aquí en nuestra perspectiva No Física esta "Familia de Abraham" está unida porque, en esencia, somos lo mismo, y en nuestra similitud nos hemos atraído. Y así es que no hay un guardián de entrada. No hay guardianes para mantener fuera aquellos que no estén en armonía con nosotros, porque no los atraemos hacia nosotros al no prestarles atención. Es igual en su ambiente. Aunque ustedes no lo ven con la claridad con la que lo vemos nosotros, las *Leyes* están trabajando para ustedes con la misma perfección como trabajan para nosotros. Sucede que ustedes tienen tantas explicaciones para las cosas, explicaciones físicas que pueden ser correctas, en parte, pero que no son completas. Es decir, cuando ustedes describen cómo llega el agua a su vaso al señalar la llave del agua, nosotros les decimos que consiste en mucho, mucho más que eso. Y así, cuando ustedes nos explican que hay agresores que habitan en su planeta que desean arrebatarles a ustedes todo lo que poseen, les decimos que ellos no pueden hacerlo. A menos que ustedes los inviten por medio de sus pensamientos, los agresores no pueden ser parte de su experiencia. Esa es la *Ley*, en su ambiente físico o en nuestro ambiente No Físico.

¿Existe valor alguno en perder la vida propia?

Jerry: Nos han dicho que por medio de estas experiencias de vida aprendemos nuestras lecciones. Pero, cuando una persona pierde su vida física en el proceso de alguna experiencia material violenta, ¿aprendió alguna lección esa persona?

Abraham: No se trata de que se les ofrecen "lecciones." No nos gusta mucho esa palabra porque suena como si hubiera algún tipo de orden del cual ustedes deberían o tendrían que aprender, y no se trata de nada así. Se trata de que su experiencia de vida les brinda conocimientos y ustedes se convierten en seres más sabios y más amplios a través de ese conocimiento.

Lo que debe comprenderse antes de apreciar el valor, aun en la pérdida de la vida física es que ustedes están sumando a una experiencia mayor, más amplia que la que ustedes conocen como su experiencia colectiva aquí en este cuerpo físico. Todo lo que ustedes están viviendo ahora se suma a esa sabiduría más amplia. Y así, cuando se retiran de su enfoque a través de este cuerpo, todo lo que han experimentado aquí será parte de ese conocimiento mayor que ustedes sostienen. O sea, que la respuesta es que sí, hay igual valor en tener una experiencia que los retira de su cuerpo físico. No es por nada que ocurre.

Soy la culminación de muchas vidas pasadas

Jerry: ¿Están diciendo que perder mi vida es una experiencia que de alguna manera se añade a todas las experiencias de ese Ser más amplio?

Abraham: De hecho, así es. Ustedes han perdido sus vidas físicas en muchas ocasiones. Han vivido miles de vidas. Esa es la razón por la cual sienten tanto entusiasmo ante la idea de vivir. No podemos expresarles en palabras el número de vidas que han tenido, mucho menos detallarlas; ustedes han tenido tantas experiencias que recordarlas todas sería confuso y sería un obstáculo para ustedes. Por esta razón, cuando nacen en este cuerpo, se manifiestan sin recordar lo que ha ocurrido antes porque no desean distraerse con todo eso en sus recuerdos. Tienen algo mucho mejor que eso: tienen un Ser Interior que es la culminación de todas esas vidas de experiencia.

Así como saben ahora que son la culminación de todo lo que han vivido en esta vida, tiene poco valor sentarse a hablar de las cosas que hicieron cuando tenían 3, 10 ó 12 años. Por supuesto, ustedes son lo que ahora son *debido* a eso... pero seguir mirando el pasado y repetir maquinalmente esas experiencias pasadas no añade nada a lo que son ahora.

Y así, cuando aceptan que son este Ser magnificente y altamente evolucionado; y al ser sensibles a lo que sienten, entonces tienen el beneficio de su *Sistema de Guía Emocional,* así como de lo apropiado de cualesquiera cosas que estén a punto de hacer de acuerdo a lo que sienten.

Ustedes son Seres físicos, y están conociendo a su ser físico, mientras que la mayoría de ustedes no están conociendo a su perspectiva más amplia. Su ser físico es magnificente e importante, pero también es una extensión de su ser más amplio, más sabio y ciertamente de más edad. Y ese *Ser Interior* tomó la decisión de manifestarse para enfocarse en este cuerpo porque deseaba la experiencia de esta vida, para añadirla al conocimiento de ese *Ser Interior* más grande y más amplio.

¿Por qué no recuerdo mis vidas pasadas?

Estuvieron de acuerdo, antes de venir, en que no tendrían recuerdos; confusos, enredados y entorpecedores de todo lo que habían vivido antes, sino que tendrían un sentido, una *Guía,* que se manifestaría desde su interior. Y estuvieron de acuerdo en que la *Guía* vendría en forma de emoción, la cual se manifestaría en forma de sentimientos. Su Ser Interior no puede responder en pensamientos de la misma manera en que ustedes están transmitiendo pensamientos y, por esa razón su Ser Interior ha estado de acuerdo en ofrecerles un *sentimiento* para que puedan determinar lo apropiado de sus sentimientos, palabras o acciones en el contexto de sus intenciones más grandes o más amplias.

Cada vez que ustedes lanzan una intención consciente de algo que desean, su Ser Interior lo incluye. De esa manera, cuando son más *deliberados* en lo que ofrecen, en la forma de *intención:* "Deseo, tengo la intención de, espero", su Ser Interior es capaz de incluir todos los factores para ofrecerles una *Guía* más clara, más específica y más apropiada.

Muchos Seres físicos, como no entienden que son los creadores de su propia experiencia, no manifiestan <u>intenciones deliberadas.</u> Se resignan a recibir lo que les llega sin comprender que *atraen* todo lo que les llega. Pero bajo estas condiciones es más difícil *permitir,* porque se sienten víctimas. Se sienten vulnerables; se sienten que no están en control de lo que les ocurre, entonces sienten que deben cuidarse de lo que podría ocurrirles sin comprender que están invitando todo eso que les llega. Esa es la razón por la cual decimos que *comprender cómo están obteniendo lo que están obteniendo es esencial, antes de estar en una posición de ser capaz de permitirse o de permitir a los demás.*

¿Qué ocurre cuando la sexualidad se convierte en una experiencia violenta?

Jerry: Otro tema con el cual me sentía incómodo era la moral relacionada a las prácticas sexuales. Ahora he llegado al punto en que permito que todas las personas tengan sus preferencias sexuales, pero todavía me siento incómodo cuando alguien usa la violencia contra otra persona en *cualquier* área. ¿Existe un punto, repito, al cual yo pueda llegar en donde sea lo que sea que los demás hagan, ya sea que usen o no la fuerza, no afecte mis pensamientos?

Abraham: No importa el tema, es importante comprender que no hay víctimas, solamente cocreadores.

Ustedes están como imanes, atrayendo el tema de sus pensamientos. Y si existe alguien que hable mucho o piense mucho sobre el tema de la violación, entonces es muy probable que se convierta en "víctima" de una experiencia tal según sus palabras. Porque por *Ley, ustedes atraen en sus vidas la esencia de lo que piensan.*

Cuando *piensan,* sintiendo emoción, generan una creación y luego cuando la *esperan,* es su experiencia. Hay muchas personas que generan creaciones que en verdad no reciben porque solamente cumplen con la mitad de la ecuación. La generan al pensarla, incluso al pensarla con emoción, pero luego no la *esperan* y por lo tanto no reciben. Esto es cierto respecto a las cosas que *desean,* así como a las cosas que *no* desean.

¿Cuál es mi *expectativa* respecto a este asunto?

Les hemos ofrecido el ejemplo de ir a ver una película de terror en donde se sienten estimulados con pensamientos claros y vívidos, por medio del sonido y la fotografía provenientes de la película. Ahora han generado la creación de este escenario al pensarlo, por lo general con gran emoción, pero cuando salen del teatro, dicen: "Es solo una película, no me va a pasar a mí." Entonces no terminan la parte de la *expectativa.*

Adviertan en su sociedad, que mientras más se ofrece información relacionada con un tema, mayor es la *expectativa* del público. De la misma manera, mientras mayor sea la *expectativa* de los individuos, mayor la probabilidad de que lo atraigan.

No piensen en las cosas que no desean y no tendrán que vivirlas. No hablen de lo que no desean y no lo atraerán. Y, cuando lo comprendan, cuando observen a otras personas viviendo lo que no desean, no se llenarán de emoción negativa porque comprenderán que ellos están ahora en el proceso de recibir y comprender cómo les han llegado las cosas a sus vidas.

Ahora bien, es cierto que ninguno de nosotros siente alegría al ver que otra persona ha sido violada o asaltada o asesinada. Estas no son experiencias agradables. Pero cuando logran comprender cómo atraen estas experiencias en sus vidas ya no piensan en eso, *ya ni siquiera <u>verán</u> nada de estas cosas.*

Atraen en sus experiencias lo que piensan. La televisión los confunde porque la encienden para divertirse, las noticias les muestran comunicados urgentes en donde les cuentan todas las cosas horribles que están ocurriendo. Pero cuando sea su intención ver, sin importar lo que estén haciendo, solamente lo que desean ver..., serán alejados de la televisión antes de que se presenten tales comunicados.

Estoy cimentando mi futuro ahora mismo

Cuando ven algo en un periódico o en una revista que comience a hacerles sentir emoción negativa, pueden ponerlo de un lado en vez de seguir recibiendo más emoción negativa, mientras la *Ley de Atracción* lo está añadiendo al tema. Pero incluso más allá, en este momento, cuando tienen la intención de atraer hacia ustedes solamente lo que desean, comenzarán a cimentar para que sus acciones futuras no tengan que ser tan definitivas. No se sentirán atraídos por la televisión, ni por los periódicos. En vez de eso, se sentirán atraídos por la *Ley de Atracción* al tema de su intención deliberada.

La razón por la cual muchos de ustedes se sienten atraídos por temas de intenciones no deliberadas es porque no tienen intenciones deliberadas. No dicen con la suficiente frecuencia lo que *sí* desean, y por eso están atrayendo un *poco* de todo. Mientras más deliberados sean en lo que desean, más estarán cimentando y menos acción será requerida de su parte para alejar las cosas indeseadas de sus vidas. No serán emboscados por la televisión, por decirlo así, ni por los depredadores de su sociedad, porque el Universo habrá cimentado algo muy distinto para ustedes.

Respecto al pequeño niño inocente

Jerry: Muchas personas aceptan sus enseñanzas básicas de que creamos a través del pensamiento, Abraham, pero el punto álgido en donde veo que la gente se confunde o encuentra difícil aceptar sus enseñanzas, es cuando se trata de niños inocentes. Se preguntan: "Pero, ¿qué pasa en el caso de los niños pequeños? ¿Cómo podrían los niños pequeños tener pensamientos que les hagan atraer deformaciones físicas, enfermedades o algún tipo de invasión violenta de sus cuerpos?"

Abraham: Es debido a que los bebés han estado rodeados de personas que tienen ese tipo de pensamientos y ellos están percibiendo (la esencia) de esos pensamientos.

Jerry: ¿Algo así como telepatía?

Abraham: Es correcto. Mucho antes de que el niño comience a hablar, ya ha comenzado a pensar. Pero uno no puede saber qué tan claro está el niño, porque no ha aprendido a comunicarse verbalmente. Todavía no está comunicando sus pensamientos.

Jerry: El niño no está pensando en *palabras*. Puedo percibir que un niño está pensando mucho antes de que comience a hablar.

Abraham: El niño *está* pensando y recibiendo pensamientos vibratorios de parte de ustedes desde el día en que entra en este ambiente. Esta es la razón por la cual las creencias son transmitidas tan fácilmente de padre/madre a hijo, de padre/madre a hijo, de padre/madre a hijo. El niño está recibiendo la vibración de sus miedos, incluso sin transmitirse palabra alguna. *Si deseas hacer lo más valioso para tu hijo, piensa solamente en lo que deseas y tus hijos recibirán solamente los pensamientos deseados.*

¿No deberían los demás cumplir sus compromisos conmigo?

Jerry: Abraham, respecto a *Permitir,* sigo teniendo muy arraigado en mi mente el antiguo adagio que reza: *Cada uno tiene el derecho a agitar sus brazos tanto como desee* (lo cual para mí era "Permitir"), *siempre y cuando no interfiera con el derecho ajeno de agitar los brazos, y siempre y cuando no le golpees la nariz al otro.*

Es decir, mientras voy por la vida permitiendo que los demás sean, hagan y tengan lo que ellos desean, si interfiere con algo que hayamos pactado antes en asuntos de negocios, algunas veces me parece un poco difícil no llamarles la atención hacia el cumplimiento del acuerdo o de sus responsabilidades tal como lo habíamos convenido con anterioridad.

Abraham: Siempre que te preocupes porque otra persona pueda interferir en tu experiencia o porque otra persona pueda agitar sus brazos en tu cara, entonces todavía no has comprendido verdaderamente cómo es que obtienes lo que obtienes. Puedes comenzar hoy a pensar solamente lo que deseas y luego comenzar hoy a atraer solamente lo que deseas. Tu pregunta se origina porque ayer o en algún momento de tu pasado no lo comprendías y estabas invitando, a través de tus pensamientos, a personas que vinieran a agitar sus brazos en tu rostro. Y entonces, ahora te preguntas: "¿Qué hago al respecto?"

Si hay personas en tu experiencia que están agitando sus brazos de forma que te hacen sentir incómodo, aléjalos de tu atención y ellos se alejarán de ti; y en vez de ellos, llegarán las personas que te harán sentir cómodo, personas que están en armonía contigo. Pero lo que ocurre con frecuencia mientras ellos agitan sus brazos, mientras ellos hacen esas cosas que a ustedes les disgustan, es que ustedes les prestan atención. Se enojan cada vez más, se molestan cada vez más, y por la *Ley de Atracción* atraen más de la esencia de esos pensamientos hasta que pronto terminan teniéndolo más y más en su experiencia. Ahora son dos experiencias o tres o muchas más... Aleja tu atención de aquello que *no* te agrada, presta atención a lo que *sí* te agrada y así cambiarás el impulso. No ocurrirá de inmediato, pero comenzará a hacerlo.

Si cada mañana durante los próximos treinta días comienzas tu día diciendo: *tengo la intención de ver; deseo ver; espero ver, no importa con quién esté trabajando, no importa con quien esté hablando, no importa lo que esté haciendo..., tengo la intención de ver lo que deseo ver,* cambiarás el impulso de las experiencias de tu vida. Y todas las cosas que ahora te molestan se habrán ido de tu vida y serán reemplazadas por las cosas que *sí* te agradan. Es absoluto. Es la *Ley.*

Nunca me equivocaré... ni lo terminaré

Cuando decimos que desde nuestra Perspectiva No Física, desde la perspectiva de lo que ustedes eran antes de venir a enfocarse en este cuerpo físico, fue su intención convertirse en *Permisores* y comprender el *Arte de Permitir, lo que deseamos que entiendan es que jamás terminarán de hacerlo. Ustedes no son como una mesa, la cual se imagina, luego se crea y luego se termina. Ustedes están en estado continuo de conversión. Están en el proceso de crecimiento, eternamente. Pero siempre son lo que son en este momento.*

Desean comprender las *Leyes del Universo* tan bien que se conviertan en uno con ellas. Desean comprender cómo es que las cosas les llegan para no sentirse víctimas o vulnerables ante el agite caprichoso de los brazos ajenos.

Es difícil entender estas cosas cuando están en medio de lo que parecen dos mundos: el mundo que crearon antes de comprender estas cosas de las cuales hablamos aquí, y el mundo en que están en el proceso de crear al empezar a comprender estas cosas. Y algunas de las cosas que están viviendo, debido a que han estado cimentando o pensando con antelación de su pasado, no se ajustan muy bien con lo que desean *ahora*. Entonces, ahora sienten un poco de molestia mientras están en esa etapa de transición, pero sentirán menos y menos molestia cada que vez que aclaren más y más y más lo que desean. Gran parte de la confusión traída por el dinamismo del pasado está ahora alejándose de su experiencia.

Cuando están en el estado de emoción positiva y considerando solamente lo que *están* haciendo o pensando o diciendo, se están *Permitiendo a sí mismos*. Cuando están en un estado de emoción positiva respecto a su visión de las experiencias *ajenas*, están *Permitiendo a los demás*. Es así de sencillo. Y por eso no pueden sentir emoción negativa sobre sí mismos y al mismo tiempo estar en el estado de *Permitirse*.

Ser un *Permisor* es ser alguien que siente emoción positiva, lo cual significa que deben controlar a qué le están prestando atención. No quiere decir que están poniendo todo en orden para que todas las cosas y todo el mundo sean como ustedes quieren que sean. Significa que son capaces de ver y, por consiguiente, solicitar del Universo, de su mundo y de sus amigos, todo aquello que esté en armonía con ustedes, mientras que dejan que el resto pase inadvertido y así no lo atraen ni lo invitan. Esto es en verdad *Permitir*, ¿comprenden?

Y les decimos: amigos, *Permitir* es el estado más glorioso de Ser que jamás llegarán a lograr de manera continua y prolongada. Porque una vez que se convierten en *Permisores*, estarán en una espiral cada vez más ascendiente, porque no hay emoción negativa que los saque de su equilibrio y los haga descender. ¡Están ascendiendo y avanzando eterna y gloriosamente!

QUINTA PARTE

Intención por Segmentos

El mágico proceso de la *Intención por Segmentos*

Jerry: Abraham, siento que la combinación de los ingredientes de la *Ley de Atracción*, la *Ciencia de la Creación Deliberada* y el *Arte de Permitir...* y al añadirle éste, el siguiente: el *Proceso de Intención por Segmentos*, parece incluir la receta completa para hacer que todas las cosas ocurran en general. Háblennos, por favor, sobre el *Proceso de Intención por Segmentos*.

Abraham: Una vez que comprenden que son los creadores de su experiencia, entonces comienzan a desear identificar con mayor claridad lo que desean para permitirlo en su experiencia. Porque hasta que no se detengan a identificar lo que en verdad desean, la *Creación Deliberada no será posible*.

No desean lo mismo en cada segmento de su vida. De hecho, hay muchos segmentos que conllevan intenciones diferentes. Y así, el punto clave de esta Intención por Segmentos, es ayudarlos a comprender el valor de detenerse varias veces al día para identificar lo que más desean y poderle dar el énfasis necesario y, por consiguiente, el poder.

Hay muy poco de lo que están viviendo hoy que sea en verdad resultado de lo que han estado pensando hoy mismo. Pero cada vez que se detienen segmento por segmento, e identifican lo que desean en ese segmento están generando pensamientos que comienzan a preparar su experiencia futura dondequiera que entren en segmentos similares.

En otras palabras, digamos que estás entrando a tu vehículo y estás solo, por lo tanto intentar comunicarse con otra persona, aclarar o escuchar lo que alguien está diciendo no es una intención muy importante. Pero tener seguridad y poco tráfico, y llegar a tiempo y descansado son intenciones que se aplican perfectamente bien a este segmento mientras estás viajando de un lugar a otro. La identificación de tu intención cuando entras en este segmento mientras conduces, no solamente afecta este segmento, sino que además comienzas a cimentar tu futuro. En consecuencia, más adelante, en el tiempo, cuando te estés subiendo a tu auto habrás, de hecho, cimentado o creado las circunstancias y los eventos de tu agrado.

Es posible que al comienzo aunque estés identificando segmento a segmento lo que deseas, todavía haya algunos impulsos del pasado que ya hayas generado. Así con el tiempo, mientras proclames lo que deseas segmento a segmento, habrás cimentado un sendero que sea más cercano a tu agrado. Luego no tendrás que tomar mucha acción en el momento, para lograr las cosas de la forma en que las deseas.

Puedo usar la *Intención por Segmentos* para conseguir el éxito

Técnicamente, todo su poder creativo reside en el ahora. Pero ustedes no solamente lo están proyectando hacia el ahora, sino también hacia el futuro que existe para ustedes. Por eso mientras más dispuestos estén a detenerse e identificar lo que desean en este segmento, más grandioso, claro y magnificente será el sendero que los espera. Además, cada uno de sus momentos actuales será mejor y mejor y mejor.

El propósito de este escrito es ofrecerles, a aquellos que lo deseen, un proceso práctico para aplicar de inmediato las *Leyes* primarias del *Universo*, con el fin de ofrecerles el control absoluto y deliberado de su vida. Y aunque para algunos de ustedes, esto podría parecer una declaración demasiado amplia, porque la mayoría piensa que no puede controlar sus experiencias, deseamos que sepan que sí pueden.

Hemos venido a asistir a aquellos que están aquí, enfocados ahora en cuerpos físicos, para comprender específicamente cómo atraen todo lo que están atrayendo, y asistirlos en la comprensión de que nada les llega a menos que lo hayan invitado a través de sus pensamientos. Una vez que tú comienzas a mirar en tu vida y observas la absoluta correlación entre lo que tú estás hablando, lo que tú estás pensando y lo que tú estás obteniendo, entonces, comprenderás claramente que, de hecho, eres quien invita, eres quien atrae y eres el creador de tu experiencia física.

Esta época es la mejor de todas

Ustedes viven en una época maravillosa, en una sociedad altamente avanzada en el campo tecnológico en donde tienen acceso a estímulos de pensamientos de todas partes del mundo. Su acceso a la información es de gran beneficio, puesto que les ofrece una oportunidad de expansión, pero también puede ser una fuente de gran confusión.

Su habilidad de enfocarse en un tema más específico brinda más claridad, mientras su habilidad de enfocarse en muchas cosas a la vez brinda confusión. Ustedes son Seres receptivos; sus procesos mentales son muy rápidos y, mientras se enfocan en un solo tema, tienen la habilidad por el poder de la *Ley de Atracción*, de manifestar más y más claridad sobre éste hasta que puedan lograr prácticamente todo lo que desean respecto a él. No obstante, debido a la disponibilidad de su sociedad de tantos estímulos de pensamientos, muy pocos de ustedes se mantienen enfocados en un tema lo suficiente como para llevarlo muy lejos. La mayoría se distrae tanto que no tiene la oportunidad de desarrollar un pensamiento hasta un gran nivel.

El propósito y el valor de la *Intención por Segmentos*

Entonces, la *Intención por Segmentos* es el proceso de identificar deliberadamente lo que deseamos específicamente en un momento dado. Se realiza con la intención de extraer desde toda esa confusión considerada tu experiencia total de vida, tu percepción de lo que es más importante en ese momento particular. Y cuando te tomas un tiempo para identificar cuál es tu *intención,* atraes un tremendo poder del Universo, y todo eso es canalizado hacia ese momento muy específico en el cual estás ahora.

Consideren que sus pensamientos son imanes. (De hecho, todo en su Universo es magnético, atrayendo todo aquello que es similar.) Y así, cada vez que contemplamos o nos enfocamos en un pensamiento negativo por muy pequeño que sea, por el poder de la *Ley de Atracción,* se agranda. Si te sientes desilusionado o triste, te verás atrayendo a otras personas que no se sienten muy distintas a ti, porque lo que tú *sientes* es tu *punto de atracción.* Es decir, que si eres *infeliz,* atraerás más de lo que te hace infeliz. Mientras que si te *sientes bien,* atraerás más de lo que consideras bueno.

Puesto que ustedes atraen o invitan en sus experiencias a las personas con quienes desean relacionarse; las personas con quienes se encuentran en medio del tráfico; las personas con quienes se encuentran cuando están de compras; las personas con quienes se encuentran cuando están caminando; los temas que las personas hablan con ustedes; la forma en que son tratados por el mesero en el restaurante; el mesero que les es asignado; el dinero que les llega; la manera en que sus cuerpos lucen y se sienten; los novios o novias que tienen (esta lista sigue hasta incluir absolutamente todo en sus vidas), es muy valioso comprender el poder de ahora. El punto de este *Proceso de Intención por Segmentos* es dirigir con claridad esos pensamientos que desean, identificando los elementos de la vida que son más importantes para ustedes en ese momento en particular.

Cuando les decimos que son los *creadores de sus experiencias* y que *no hay nada en sus vidas que ustedes no hayan invitado,* algunas veces nos encontramos con algún tipo de resistencia. Esta se origina a sabiendas de que hay muchas cosas en sus vidas que no desean. Entonces dicen: "Abraham, yo jamás habría creado esto que no deseo." Estamos de acuerdo, no lo habrían hecho a propósito, pero no estamos de acuerdo en que no lo han hecho. Porque es a través de sus pensamientos y, solamente a través de *sus* pensamientos, que están obteniendo las cosas que están obteniendo.

Sin embargo, hasta que no estén listos para aceptar que son los creadores de su propia vida, no habrá mucho que ofrecerles de nuestra parte que sea valioso para ustedes.

La *Ley de Atracción* los afecta, ya sea que estén conscientes de ella o no; y la *Intención por Segmentos* les ayudará a estar más conscientes del poder de sus pensamientos. Porque, mientras más la apliquen deliberadamente, más detalles de sus vidas reflejarán su *Intención Deliberada*.

Su sociedad ofrece mucha estimulación de pensamientos

Ustedes viven en una sociedad que ofrece mucha estimulación de pensamientos. Y cuando están abiertos y receptivos a estos estímulos, pueden muy bien atraer más pensamientos, y por ende, más circunstancias y eventos de los que tienen el tiempo o el deseo de atender.

En una sola hora de exposición a los medios, se les ofrecen tremendas cantidades de estímulos, por lo que no es sorprendente que a menudo se encuentren totalmente abrumados y que muchos de ustedes se hayan aislado por completo, alejándose de todas las cosas porque les llegaban demasiadas en muy corto tiempo.

Este Proceso de *Intención por Segmentos* les ofrece la solución, porque mientras leen las palabras que aquí les ofrecemos, su confusión será reemplazada por absoluta claridad; su sentimiento de estar fuera de control será reemplazado por un sentimiento de estar en control; y para muchos de ustedes, un sentimiento de estancamiento será reemplazado por un sentimiento glorioso y vigorizante de rápido avance.

La confusión surge cuando consideran demasiadas cosas a la vez; mientras que la claridad surge mientras nos enfocamos en un solo pensamiento y todo se vincula a la Ley de Atracción. Cuando generan un pensamiento respecto a cualquier tema, la *Ley de Atracción* comienza a trabajar de inmediato para entregar más estímulos de pensamientos relacionados a ese tema. Cuando pasan de un pensamiento a otro pensamiento y a otro pensamiento y a otro pensamiento, la *Ley de Atracción* les ofrece más pensamientos relacionados a esa idea y a esa idea y a esa idea. Y esta es la razón por la cual a menudo se sienten abrumados, porque por la *Ley de Atracción* ahora han recopilado información sobre muchos temas.

En muchos casos, esa información proviene de su pasado; en muchos casos, proviene de las personas que están más cercanas a ustedes, pero el resultado final es el mismo: están considerando tantas cosas, que están avanzando sin dirección específica y el resultado, obviamente, es un sentimiento de frustración o confusión.

De la confusión a la claridad a la *Creación Deliberada*

Cuando seleccionan cualquier tema importante que desean considerar, la *Ley*, el *Universo*, les entrega más respecto a esa idea específica. Pero en vez de muchos pensamientos provenientes de muchas direcciones, incluso direcciones opuestas y conflictivas, las ideas y los eventos que se originan *ahora* estarán en armonía con la idea primordial que ustedes han lanzado. Y así, sentirán claridad e incluso mucho más importante que el sentimiento de claridad, comprenderán que están avanzando en su creación. *Cuando consideran muchos temas simultáneamente, por lo general no avanzan verdaderamente en ninguno de ellos, porque su enfoque está difuso, mientras que si se enfocan en lo que es más importante para ustedes en un momento dado, avanzan más poderosamente hacia ese punto.*

Dividir mis días en *Segmentos de Intenciones*

El punto en el cual se encuentran ahora, desde el cual están ahora percibiendo conscientemente, ese punto es un *segmento*. Su día puede estar dividido en muchos segmentos, sin embargo, no existen dos de ustedes que tengan exactamente los mismos segmentos. En un día, sus segmentos pueden diferir del siguiente, y está bien que así sea. No es necesario tener un programa rígido de segmentos. *Es* importante que identifiquen cuando se están moviendo de un segmento y, por consiguiente, de un grupo de intenciones hacia otro.

Por ejemplo, cuando se despiertan en la mañana, están ahora entrando a un nuevo segmento. El tiempo en que están despiertos antes de levantarse de la cama es un segmento... El tiempo en que se están preparando para su siguiente actividad es un segmento... Cuando se suben a su auto es otro segmento y así sucesivamente.

Cada vez que se den cuenta de que están moviéndose hacia un nuevo segmento de sus vidas, si hacen una pausa y un programa a viva voz en su propia mente sobre lo que más desean mientras se mueven hacia ese segmento, comenzarán, por la poderosa *Ley de Atracción*, a solicitar pensamientos, circunstancias, eventos e incluso conversaciones o acciones de parte de los demás que armonizarán con su propósito.

Cuando se toman el tiempo de reconocer que están moviéndose hacia un nuevo segmento y van más allá identificando sus propósitos predominantes, evitarán la confusión de sentirse abrumados por la influencia de los demás o incluso por la confusión de dejarse llevar por sus hábitos de ideas poco deliberados.

Funciono y creo en muchos niveles

En cada segmento de sus vidas están funcionando en muchos niveles. Hay cosas que están *haciendo* en el segmento. (Hacer es una creación poderosa.) Hay cosas que están *hablando* en el segmento. (Hablar es una creación poderosa.) Y hay cosas que están *pensando* en el segmento. (Pensar en una creación poderosa.) Además, durante cada segmento, podrían estar considerando lo que está ocurriendo en su *presente;* podrían estar considerando lo que ya ha ocurrido en su *pasado* o podrían estar considerando lo que está punto de ocurrir en su *futuro.*

Cuando están pensando en lo que desean en su futuro, comienzan a atraer la esencia de lo que desean en su futuro. Pero como su presente todavía no ha sido preparado para eso, no es probable que ocurra en su presente, pero si comenzará su avance. Y cuando avanzan hacia ese lugar del futuro, igual lo hacen los pensamientos y las circunstancias en las cuales han pensado.

Los pensamientos que tengo hoy cimientan mi futuro

Este es el proceso al cual nos referimos como *Cimentar:* En su presente, ustedes piensan en su futuro para que cuando llegue, éste haya sido *cimentado* o preparado por ustedes y para ustedes. Y así, mucho de lo que viven hoy es el resultado de lo que pensaron ayer, antier, el año pasado y el año anterior al pasado...

Cada pensamiento que tienen dirigido <u>hacia lo que desean</u> en su futuro es de gran beneficio para ustedes. Cada pensamiento que tengan sobre su futuro, <u>sobre cosas que no desean</u> es un inconveniente para ustedes.

Cuando piensan en vitalidad y salud, y las desean y las esperan en su futuro, están cimentando y preparándose. Pero cuando sienten miedo o preocupación respecto a envejecer o a estar enfermos, también están preparando o cimentando *eso* en su futuro.

La *Intención por Segmentos* los ayuda ya sea que estén en su *ahora* pensando en su *ahora;* o estén en su *ahora* pensando en su futuro. Porque, en ambos casos, crearán deliberadamente. Y ese es el punto clave del *Proceso de Intención por Segmentos.* Ya sea que estén teniendo el propósito específico de hacer o decir algo, o ya sea que estén cimentando su futuro en ese momento, es de gran valor hacerlo a propósito.

Cuando se suben a su vehículo, si generan su intención deliberada de recorrer una jornada segura, atraerán las circunstancias que apoyarán esta idea. Ahora, por supuesto, si han tenido esa intención en su pasado, al observar su futuro, recuerdan que en muchas experiencias previas han deseado y esperado recorrer una jornada segura, entonces esas intenciones han sido generadas con antelación y ya han comenzado a cimentar su futuro. Por lo tanto, su *Intención por Segmentos* ahora estaría añadiendo más de lo mismo a ese propósito..., de hecho, estaría fortaleciéndolo.

Puedo cimentar mi vida o vivir en la inconsciencia

Si no han cimentando o no han tenido intenciones deliberadas en este segmento, entonces están viviendo en la inconsciencia y, por lo tanto, es probable que se dejen llevar por la confusión o por las intenciones ajenas.

Dos Seres que se encuentran en dos vehículos distintos que llegan al mismo tiempo y tienen un accidente... son dos Seres que no habían generado seguridad. Vivían en la inconsciencia y ahora se encuentran en su confusión, atrayéndose mutuamente.

Si deseas y esperas recibir el tema de tu propósito, así será. Pero si no te tomas el tiempo de establecer lo que deseas, entonces estás atrayendo, por la influencia ajena o por la propia influencia de tus antiguos hábitos, todo tipo de cosas que podrías o no desear. Estamos de acuerdo en que hay ciertas cosas que atraen accidental o inconscientemente que *sí* les agradan, así como hay ciertas cosas que atraen no intencional sino inconscientemente, que *no* desean, pero que no es muy satisfactorio atraer inconscientemente. La verdadera plenitud de la vida está en la *Creación Deliberada.*

Lo que siento, atraigo

Ahora bien, esta es la clave para la *Creación Deliberada:* Véanse como un imán, atrayendo hacia ustedes todo lo que *desean* en un momento de sus vidas. Cuando se *sienten* claros y en control, atraen circunstancias de claridad. Cuando se *sienten* felices atraen circunstancias felices. Cuando se *sienten* sanos, atraen circunstancias de salud. Cuando se *sienten* prósperos, atraen circunstancias de prosperidad. Cuando se *sienten* amados, atraen circunstancias de amor. *Literalmente, lo que sienten es su punto de atracción.* Y así, el valor de la *Intención por Segmentos* aquí, es que hacen una pausa muchas veces durante el día para decir: *esto es lo que quiero de este segmento en mi vida. Lo deseo y lo espero.* Y cuando lanzan estas poderosas palabras, se convierten en un *Discernidor Selectivo* y atraen lo que desean en sus vidas.

Como pueden ver, el Universo, de hecho el mundo en el cual

viven, está lleno de todo tipo de cosas. Hay cosas que les gustan mucho, así como hay cosas que no les gustan tanto. Pero todo esto llega a sus vidas solamente invitándolo por medio de sus pensamientos. Y así, si se toman el tiempo de identificar lo que desean muchas veces al día, y generan sus declaraciones de deseos y expectativas, obtendrán el control magnético de sus propias experiencias. Dejarán de ser "víctimas" (no existe tal cosa), y dejarán de ser atrayentes no deliberados o atrayentes inconscientes. Una vez que comienzan a segmentar su día, a identificar muchas veces al día lo que desean, serán *Atrayentes Deliberados*. Y eso es una experiencia gloriosa.

¿Qué es lo que quiero ahora?

La razón por la cual es tan efectiva la *Intención por Segmentos* es porque existen muchos temas que ustedes consideran, pero cuando tratan de verlos todos al mismo tiempo, se abruman y se confunden. El valor de programar intenciones, segmento a segmento, es que se enfocan con mayor precisión en menos detalles en ese momento, permiten que la *Ley de Atracción* responda con mayor poder; y tienen menos probabilidades de confundir el tema aún más con pensamientos contradictorios de duda, preocupación, o percepción de carencia.

Por ejemplo, cuando suena el teléfono, podrías responderlo y decir: "Buenos días." Y cuando sepas quién te llama, decir: "Hola, espera un segundo por favor", y luego te dices a ti mismo: *¿qué es lo que más espero de esta conversación? Deseo animar a la otra persona, deseo ser comprendido. Deseo que la otra persona me comprenda, y deseo que esta persona reciba influencia positiva en la dirección de mi deseo. Deseo que se sienta animada y emocionada con mis palabras. En conclusión, deseo que sea una conversación exitosa.* Luego, cuando regresas a la linea, habrás *cimentado*. Y ahora, la otra persona responderá de mucho más acuerdo con tu deseo que si no te hubieras tomado el tiempo de programar tus intenciones.

Cuando alguien te llama, el otro sabe lo que *desea*. Entonces, debes tomarte un momento para identificar lo que *tú* deseas. De lo contrario, por el poder de su influencia esa persona podría lograr lo que desea, pero podría ser que tú no.

Si deseas muchas cosas al mismo tiempo te traería confusión. Pero cuando te enfocas en los *detalles* más importantes de lo que deseas en cualquier momento, atraes claridad, poder y velocidad. Y este es el punto clave del Proceso de *Intención por Segmentos*: detenerte cuando entras en un nuevo segmento e identificar lo que más deseas para prestarle tu atención y, por consiguiente, atraer más poder hacia ello.

Algunos de ustedes se enfocan durante algunos segmentos de sus días, pero pocos de ustedes se enfocan durante la mayor parte de su día. Y entonces, para la mayoría de ustedes identificar los segmentos e intentar identificar lo que es más importante en estos segmentos, los coloca en una posición de atrayentes o creadores magnéticos deliberados, en cada uno de sus segmentos durante el día. Y no solamente descubrirás que ahora eres más productivo, sino que además serás más feliz. Porque cuando estás teniendo intenciones deliberadas y luego permitiendo y recibiendo, te sentirás muy alegre.

Ustedes son Seres que buscan el crecimiento y cuando avanzan, se sienten muy felices; mientras que cuando se sienten estancados, no se sienten tan felices.

Un ejemplo de un día de *Intención por Segmentos*

Aquí vemos un ejemplo de un día en el cual ustedes no solamente están conscientes de cada segmento en el que entran, sino que además están generando intenciones para cada uno de ellos.

Digamos que comienzas este proceso al final del día antes de dormir. Reconoces que irte a dormir es un nuevo segmento de tu vida. Entonces, cuando te acuestas y pones tu cabeza en la almohada listo para dormirte, generas tu intención para ese momento: *mi intención es que mi cuerpo se relaje por completo. Mi intención es despertarme refrescado, descansado y dispuesto a comenzar mi día.*

A la mañana siguiente cuando abres los ojos, reconoces que ahora has entrado en un nuevo segmento de tu vida, y que el tiempo que vas a permanecer en cama hasta el momento en que te levantes es un segmento. Generas tu intención para ese momento: *mientras esté aquí acostado, tengo la intención de ver con claridad cómo será mi día. Tengo la intención de sentir euforia y emoción por el día de hoy.* Y luego, mientras estas ahí en la cama sentirás esa frescura y esa euforia por el día que está comenzando.

Cuando te levantas entras en otro segmento de tu vida. Este puede ser el segmento en el cual te estás preparando para tu día. Y cuando entras en el segmento de cepillarte los dientes y tomar tu baño, deja que tu intención sea: *tengo la intención de reconocer mi cuerpo maravilloso y de sentir gratitud ante la magnificencia de sus funciones. Tengo la intención de asearme eficazmente y de prepararme para lucir lo mejor posible.*

Cuando preparas tu desayuno, permite que tu intención para este segmento sea: *escogeré y prepararé comida nutritiva y maravillosa de manera eficiente. Me relajaré y comeré con alegría, permitiendo que mi maravilloso cuerpo digiera y procese la comida eficazmente. Escogeré la mejor comida para mi cuerpo físico en este momento. Voy a sentirme recargado y refrescado por estos alimentos.* Tan pronto generes esta intención, mientras comes, te sentirás rejuvenecido, recargado y refrescado. Y disfrutarás la comida mucho más que si no hubieras programado tu intención de hacerlo.

Cuando te subes en tu auto y estás conduciendo hacia tu destino, deja que tu intención en este segmento sea la de desplazarte de un lugar a otro con toda seguridad, sentirte lleno de energía y feliz mientras avanzas, y estar consciente de las intenciones que los demás conductores pueden o no estar generando para que tú puedas avanzar a través del tráfico, fluyendo de manera segura y eficaz.

Cuando te bajas de tu auto, entras en un nuevo segmento. Entonces, haz una pausa e imagínate caminando desde donde estás hasta donde tienes la intención de llegar. Visualízate sintiéndote bien mientras caminas; haz que sea tu intención moverte de manera eficiente y segura de un punto a otro. Ten la intención de respirar profundamente, sentir la vitalidad de tu cuerpo y la claridad de tu mente... Visualiza tu intención para el siguiente segmento que estás a punto de comenzar. Visualízate saludando a tus compañeros de trabajo o a tu jefe... Visualízate como alguien que anima a los demás, con una sonrisa siempre presta. Reconoce que todas las personas que encuentras a tu paso no son deliberadas en sus intenciones, pero sabiendo que por medio de tus intenciones deliberadas estarás en control de tu vida, y no te dejarás arrastrar por la confusión, por la intención o la influencia ajenas.

Mientras avanzas durante tu día de Intención por Segmentos, sentirás cómo se van intensificando el poder y el impulso de tus intenciones, y descubrirás que te sientes gloriosamente invencible. Mientras te ves cada vez más en control de tu vida, sentirás que no hay nada que no puedas ser, hacer o tener.

Para la *Intención por Segmentos*, lleva una libreta pequeña

Obviamente, tus segmentos no serán tal cual los hemos presentado aquí, y no serán iguales todos los días. En unos cuantos días, serás capaz de identificar con facilidad cada nuevo segmento y lo que más deseas de cada uno, hasta que muy pronto serás capaz de tener expectativas claras de buenos resultados de cada segmento de tu día.

Algunos de ustedes podrían encontrar que es más eficiente y efectivo llevar una libreta pequeña y detenerse físicamente para identificar el segmento, mientras escriben una lista de sus intenciones en la libreta. Puesto que escribir algo se convierte en tu punto de enfoque más intenso, al comienzo de tu aplicación de este Proceso de *Intención por Segmentos*, podrías encontrar de gran valor llevar una libreta.

¿Has reunido una serie de preguntas para nosotros respecto al tema de *Intención por Segmentos*?

¿Hay alguna meta que cumplir?

Jerry: Abraham, para mí, la Intención por Segmentos parece ser el vehículo ideal para la aplicación instantánea y práctica (así como la realización) de la *Ley de Atracción*, la *Ciencia de la Creación Deliberada* y el *Arte de Permitir*. Es decir, al aunar de inmediato la percepción, ahora consciente de estas *Leyes* (las cuales hemos aclarado por medio de sus enseñanzas) con este *Proceso de Intención por Segmentos*, podemos descubrir de inmediato por nosotros mismos, cómo se afectan nuestras manifestaciones por medio de nuestros pensamientos.

He estado considerando la *Intención por Segmentos* con el equivalente de generar una serie de intenciones de pequeñas metas (o propósitos) de las cuales podemos casi de inmediato y conscientemente, experimentar sus manifestaciones. Esto me lleva a mi siguiente pregunta: ¿No hay un tipo de meta (o intención) general que debemos llevar a cabo en esta vida física?

Abraham: Sí, la hay. Y así como la *Intención por Segmentos* es la intención más cercana a este momento en el cual se encuentran ahora, la intención que tuvieron al surgir en esta expresión física está en el otro extremo, por decirlo así. Es decir, aquí están ahora, generando la intención de lo que más desean, sin embargo, este momento está siendo afectado por los pensamientos que han tenido al respecto incluso antes de nacer en este cuerpo físico. Cuando surgieron en este cuerpo físico desde esa perspectiva interna más amplia, tenían intenciones, de hecho, pero ahora predominan sus intenciones desde esta perspectiva consciente y física.

Ustedes no son como títeres manifestando lo que habían programado antes. Tienen la opción a cada momento de decidir lo que es más apropiado para ustedes, desde esta perspectiva siempre en evolución *porque han progresado mucho más de lo que eran cuando surgieron en este cuerpo y porque esta experiencia de vida ha sido añadida a esa perspectiva.*

¿Puede la felicidad ser una meta lo suficientemente importante?

Jerry: Entonces, puesto que no conozco conscientemente estas metas específicas, individuales y generales, ¿hay algo más importante que la meta de ser sencillamente feliz?

Abraham: Has dado en el clavo en la forma de conocer tu intención al surgir desde tu perspectiva interna. Acabas de decir: "Puesto que no conozco conscientemente estas metas específicas, individuales y generales." La razón por la cual no conoces conscientemente estas metas específicas es debido a que no había metas específicas. *Antes de tu nacimiento físico, tenías intenciones generales tales como ser feliz, ayudar a las personas a sentirse bien, crecer continuamente..., pero los procesos específicos o los vehículos a través de los cuales lograrías estas cosas, dependían de lo que decidieras aquí y ahora. Es ahora que eres el creador.*

¿Cómo podemos reconocer que hemos crecido?

Jerry: Tomemos la intención que mencionaron: *crecer.* ¿Cómo podemos reconocer que hemos crecido?

Abraham: Ya que ustedes son Seres en busca permanente de crecimiento, sentirán emociones positivas cada vez que reconozcan que han crecido, y tendrán emociones negativas cada vez que se sientan estancados. No necesariamente reconocen conscientemente los pensamientos o las intenciones de su perspectiva interna más amplia, pero sí reciben comunicados. *Todos los Seres físicos se comunican con su Ser Interior en forma de emociones y así, cada vez que su emoción es positiva, saben que están en armonía con sus intenciones internas.*

¿Cuál es una medida válida de nuestro éxito?

Jerry: Entonces, ¿cómo ven ustedes, Abraham, desde su perspectiva No Física, lo que es una medida válida de tener éxito en lo que estamos haciendo aquí?

Abraham: Ustedes tienen muchas formas de medir el éxito. En su sociedad, la cantidad de dinero es una medida de éxito, sus trofeos también lo son, pero desde nuestra perspectiva, la existencia de emociones positivas en su interior es su mayor muestra de éxito.

¿Puede la *Intención por Segmentos* acelerar nuestras manifestaciones?

Jerry: Entonces, este proceso de *Intención por Segmentos* puede no solamente acelerar la manifestación de lo que deseamos, sino que además puede hacer más placentera la experiencia de vida y más bajo nuestro control (y por lo tanto más exitosa). ¿Es esto de lo que todo se trata?

Abraham: Están absolutamente "más bajo su control consciente" mientras estén generando conscientemente sus intenciones. La alternativa es no tomar una decisión sobre lo que desean y, por consiguiente, en su confusión atraer un poco de todo. El punto del Proceso de *Intención por Segmentos* es que siempre atraerán lo que desean deliberadamente. Dejan de crear inconscientemente, dejan de atraer lo que no desean.

Tienes razón cuando dices que pueden acelerar el proceso, porque es su claridad la que lo acelera. Por supuesto, ustedes están creando físicamente cuando transportan bultos de tierra de un lado a otro (o cuando hacen cualquier cosa), pero no han tenido acceso al poder del Universo a menos que sus pensamientos les brinden fuertes emociones. Cuando la emoción está presente ya sea positiva o negativa, es cuando tienen acceso al poder del Universo.

Cuando desean de verdad verdad algo, llega muy rápido. La idea de la Intención por Segmentos es programar los pensamientos de lo que desean, enfocándose en ellos con tal claridad en este momento, que hagan brotar una intensa emoción. Su claridad acelera el proceso de manifestación.

Los procesos de Meditación, el Taller y la *Intención por Segmentos*

Jerry: Por favor, permítanme aclarar algunos términos con ustedes. Hay tres Procesos diferentes. Uno que ustedes llaman *Intención por Segmentos*. Otro que llaman un *Taller*. Y el otro del cual hablan algunas veces, en términos ajenos, es la *Meditación*. ¿Nos pueden aclarar las diferencias y propósitos de estos tres procesos?

Abraham: Cada uno de estos procesos tiene una intención diferente. Así, tu pregunta se adapta perfectamente a nuestro tema de *Intención por Segmentos*, porque cuando estás a punto de entrar en cualquiera de estos tres procesos es buena idea saber *por qué* estás entrando en ellos y qué *esperas* recibir.

Un momento de *Meditación,* según su terminología, es un segmento en el cual pretenden acallar la mente consciente con el fin de percibir el *Mundo Interno*. Es un periodo de tiempo en el cual se distraen del mundo físico o se desapegan de él, para poder percibir aquello que está más allá. Hay diferentes razones para este desapego, y es importante que cuando entren en este segmento de *Meditación,* identifiquen cuál es su razón para hacerlo. Su razón puede ser simplemente que desean desapegarse del mundo que les causa confusión o los altera. Desean refrescarse un poco. Cuando *nosotros* les sugerimos la *Meditación* es con el fin de permitir la apertura de un pasadizo en donde puedan conectar su *Ser Interior,* que existe en la *Dimensión Interior,* con el ser físico que está aquí en este cuerpo físico. La *Meditación es retirar su enfoque del mundo consciente físico, y permitir su enfoque en la alineación con el Mundo Interior.*

Ahora bien, el *Proceso del Taller* es un segmento en donde su propósito es pensar en detalles específicos y precisos lo que desean, y así lograr claridad por medio de la *Ley de Atracción*. Es decir, desean considerar su deseo con tal cantidad de detalles que atraen el poder del Universo para acelerar su creación. El *Taller* es el momento en el cual guían sus pensamientos en la dirección de su deseo específico, alineándolos en ese momento con los deseos que sus vidas les han ayudado a identificar. *En su mundo físico, no pueden tener una experiencia física hasta que no lo hayan creado primero en forma de pensamiento. Por lo tanto, el Taller es el lugar en donde piensan deliberadamente en eso, y en donde comienza la atracción deliberada de la cosa o las cosas que desean.*

El proceso de Intención por Segmentos es sencillamente reconocer que se están moviendo hacia un segmento en donde sus intenciones son diferentes a las anteriores, y luego detenerse e identificar lo que desean ahora. La *Intención por Segmentos* es el proceso por medio del cual se eliminan los obstáculos predominantes en su *Creación Deliberada:* la influencia de aquellos que podrían tener una intención diferente o la influencia de sus propios hábitos.

¿Cómo puedo comenzar a sentirme feliz conscientemente?

Jerry: He escuchado decir que ustedes sugieren que lleguemos al punto en que nos sentimos felices antes de comenzar a desear cosas. ¿Nos podrían brindar algunos métodos para generar conscientemente la sensación de alegría o para atraer sentimientos de emociones positivas?

Abraham: Antes de hacerlo, deseamos señalar el gran valor de sentirse felices. Ustedes son como imanes, y lo que sienten es su *punto de atracción.* Entonces, si se sienten infelices, si están pensando en lo que no desean (lo cual es lo que genera el *sentimiento de infelicidad*), entonces están atrayendo más de lo que no desean. *Es muy valioso sentirse felices, porque desde ese punto pueden atraer lo que desean, además de que es el estado natural del ser. Si no se permiten ser felices, se están alejando de quienes-en-verdad-son.*

Cuando adviertan que están felices en un momento dado, tómense el tiempo para identificar las cosas que están presentes que podrían incrementar su felicidad. Para muchos de ustedes, puede ser escuchar música que esté en armonía con ustedes. Para otros puede ser acariciar a su gato, dar un paseo, hacer el amor o jugar con un niño. Para algunos, puede ser leer un texto de un libro. Para otros, puede ser recibir una llamada de un amigo que los hizo sentir bien. Hay muchas maneras de que esto ocurra.

Es de valor encontrar puntos de referencia que puedan usarse para sentirse mejor, para que siempre haya una opción de generar el sentimiento de felicidad. *Adviertan lo que los anima y recuérdenlo; luego, cuando deseen específicamente sentirse animados, usen uno de sus puntos de referencia para sentirse felices.*

Pero, ¿qué ocurre cuando las personas que me rodean son infelices?

Jerry: Ustedes han dicho que podemos ser felices bajo cualquier condición. Pero, ¿cómo es posible lograrlo cuando observamos a alguien que está experimentando condiciones extremadamente negativas?

Abraham: *Solamente pueden ser felices con la condición de que piensen en lo que desean. Y entonces, pueden ser felices bajo todas las condiciones si son lo suficientemente claros y fuertes en su deseo como para prestarle atención <u>solamente</u> a lo que desean.*

Jerry: Pero, ¿qué podemos hacer respecto a aquellas personas con las cuales uno se siente obligado a estar ocasionalmente, quienes hacen o dicen cosas que nos hacen sentir incómodos, y uno de todas maneras intenta agradarlos porque se siente culpable cada vez que uno no hace lo que ellos desean? ¿Cómo sugieren que uno sea feliz en una situación como esta?

Abraham: Es cierto. Es más difícil permanecer felices o positivos cuando están rodeados de personas que son infelices o cuando están rodeados o involucrados con personas que desean algo diferente de lo ustedes desean darles. Pero lo que hemos notado en nuestras relaciones con los Seres físicos es que mientras ustedes pueden tener una experiencia que solamente dura cinco o diez minutos, aunque esa experiencia pueda ser desagradable, la mayoría de sus emociones negativas no se originan *durante* los minutos de esa experiencia negativa, sino en todas las horas que se pasan considerando y rumiando la idea *después* de la experiencia. *Por lo general, ustedes pasan más tiempo pensando en la cosa negativa que ha ocurrido, que en lo que está ocurriendo en la actualidad.*

La mayoría de tus emociones negativas podrían ser eliminadas si en esos momentos en que estás solo, te enfocas en lo que ahora deseas pensar. Y entonces, en esos breves encuentros, en esas pequeñas partes de tu vida en que verdaderamente estás siendo agredido por otra persona, se fortalecerá tu voluntad y tu habilidad de no advertir tanto la agresividad. Con el tiempo, observarás que la *Ley de Atracción* ya no te brindará esas experiencias porque esos pensamientos ya no estarán activos en tu interior.

¿Puedo usar la *Intención por Segmentos* en casos de interrupciones imprevistas?

Jerry: Entonces, asumamos una situación en la cual las personas verdaderamente desean sentir el deseo de progresar de manera ordenada, pero sus intenciones se ven a menudo desviadas por lo que llamo *interrupciones imprevistas.* ¿Qué tipo de *Intención por Segmentos* sugieren en un caso así?

Abraham: Por supuesto, cuando su *Intención por Segmentos* se vaya definiendo, mientras cada día mejora, tendrán menos y menos interrupciones. Ustedes han estado estimulando esas interrupciones debido a que no han practicado la *Intención por Segmentos* en el pasado.

Cuando comiencen su día visualizando experiencias que fluyen libre y suavemente, ya habrán eliminado algunas de esas interrupciones. Y en el caso de que las interrupciones sigan llegando, pueden lidiar con ellas segmento a segmento, simplemente diciendo al comienzo de cada interrupción: *esto será breve y no perderé el hilo de lo que estaba haciendo. No perderé el impulso inicial que había generado. Lidiaré con esto de manera rápida y eficiente, y seguiré con lo que estaba haciendo.*

¿Puede la *Intención por Segmentos* expandir mi tiempo útil?

Jerry: Hace años que digo: *me gustaría multiplicarme para poder experimentar todas las cosas que deseo vivir.* ¿Hay alguna manera de que podamos usar la *Intención por Segmentos* con el fin de tener más experiencias, o sea, poder hacer todas las cosas que queremos?

Abraham: Descubrirás, cuando seas más eficiente con tu *Intención por Segmentos,* que tendrás muchas más horas en tu día para hacer las cosas que deseas.

Muchas de las cosas que deseas no se han manifestado debido a que no has tenido claridad en tu pensamiento y por eso no las has atraído. Entonces, la *Intención por Segmentos* de por sí te ofrecerá lo que estás anhelando. *Al aclarar lo que deseas y dejar de tener pensamientos contradictorios, activarás en tu beneficio las* <u>Leyes del Universo</u>, *y no sentirás demasiada necesidad de actuar para compensar pensamientos inapropiados. Al ofrecer pensamientos deliberados captas el poder del Universo, y requieres mucho menos tiempo para lograr mucho más.*

¿Por qué no está todo el mundo creando su vida a propósito?

Jerry: Puesto que todos tenemos la opción de crear lo que de verdad deseamos a propósito o de crear inconscientemente, y recibir de manera indiscriminada tanto lo deseado como lo no deseado, pues ¿Por qué parece ser que la mayoría de las personas escogen inconscientemente?

Abraham: La mayoría de las personas está creando inconscientemente porque no comprenden las *Leyes;* en verdad no comprenden que pueden escoger. Han llegado a creer en el destino o en la suerte. Dicen: "Esto es la realidad, así son las cosas." No entienden que tienen el control de sus experiencias a través de sus pensamientos. Es como participar en un juego en el cual se desconocen las reglas, y cansarse muy pronto del juego creyendo que no tienen control sobre él.

Es muy valioso para ustedes prestar atención consciente a lo que desean específicamente, de lo contrario, pueden ser arrastrados por la influencia de lo que los rodea. Ustedes están siendo bombardeados por estímulos de pensamientos. Y así, a menos que estén generando los pensamientos que son importantes para ustedes, podrán ser estimulados por pensamientos ajenos que podrían o no ser importantes para ustedes.

Si no saben lo que quieren, entonces es bueno generar la intención: *deseo saber lo que quiero.* Tan pronto generan este deseo comienzan a atraer datos, oportunidades y muchas cosas para seleccionar. Y desde este desfile constante de ideas que fluirán hacia ustedes, obtendrán una mejor idea de lo que desean específicamente.

Debido a la *Ley de Atracción,* es más fácil observar las cosas tal como son, que escoger pensamientos diferentes. Si las personas observan las cosas tal como son, la *Ley de Atracción* atrae más y más de lo mismo y, con el tiempo, las personas llegan a creer que no tienen ningún control sobre ellas.

A muchos se les ha enseñado que no pueden escoger, que no son dignos de escoger o que no son capaces de saber lo que es apropiado para ellos. Con el tiempo y con práctica, ustedes llegarán a comprender que pueden saber, según lo que están sintiendo, si han escogido lo que era apropiado porque cuando escogen la dirección de pensamientos que concuerdan con su perspectiva más amplia, su alegría es la confirmación de que escogieron el pensamiento apropiado.

¿Qué importancia tiene *desear* en nuestra experiencia?

Jerry: ¿Qué le dirían a la persona que ni siquiera dice: "deseo saber lo que quiero", sino que dice: "hasta donde yo sé, no hay nada que desee," o "he aprendido que es malo tener deseos," y se encuentra en un estado como de indiferencia y apatía?

Abraham: *¿No es también un deseo, el deseo de no tener deseos, con la finalidad de lograr avanzar en el valor personal? Desear es el comienzo de toda la <u>Creación Deliberada</u>. Y si rehúsan desear, entonces están en verdad rehusando el control deliberado de sus vidas.*

Ustedes son Seres físicos, de hecho, pero también tienen una Fuerza Vital; una Fuerza de Energía, una Fuerza Divina, una Fuerza de Energía Creadora que fluye en su interior desde la Dimensión Interior. Sus doctores con todo lo que estudian no saben mucho al respecto. Piensan que algunas personas la tienen y otros no. Ellos dicen: "Esta persona está muerta, no tiene Fuerza Vital." *La Fuerza Vital Creadora fluye en ustedes debido a la extensión externa hacia lo que están prestando su atención. En otras palabras, es el proceso por medio del cual sus pensamientos atraen hacia ustedes lo que desean y en lo que están pensando.*

Cuanto más piensen en lo que desean, más la *Ley de Atracción* pone en movimiento esas cosas, y pueden sentir el impulso de sus pensamientos. Cuando no piensan en lo que desean o cuando piensan en lo que desean y luego de inmediato piensan en su ausencia, impiden el impulso natural del pensamiento.

Ese "estado de indiferencia y apatía" que estás describiendo es causado por la desaceleración constante del impulso de los pensamientos con sus declaraciones contradictorias.

¿Por qué la mayoría de la gente se conforma con tan poco?

Jerry: Abraham, vivimos en una nación en donde casi todo el mundo tiene la capacidad de comer todos los días y tiene un lugar para vivir y ropa que ponerse. Casi todo el mundo tiene por lo menos un poco de todo esto. Conozco personas que dicen: "¿Sabes? Tengo lo indispensable, pero de alguna manera no puedo intensificar mis deseos lo suficiente como para atraer grandes cosas o cosas especiales en mi vida." ¿Qué le dirían a una persona en esta situación?

Abraham: No es que no desees tener más, sino que de alguna manera te has convencido de que no puedes *tener* más. Y entonces, deseas evitar la desilusión de desear algo y no obtenerlo. No es porque no lo desees que no lo estás recibiendo, es porque te estás enfocando en su *carencia*. Debido a la *Ley de Atracción*, estás atrayendo el tema de tus pensamientos (la carencia).

Cada vez que deseas algo y luego dices: *"Pero lo he deseado y no lo he obtenido,"* tu atención está entonces en la carencia de lo que deseas y por *Ley*, estás atrayendo la carencia. Cuando estás pensando en lo que deseas, te sientes eufórico, te sientes emocionado y sientes emoción positiva; pero, cuando piensas en la carencia de lo que deseas, sientes emoción negativa, y te sientes desilusionado. La desilusión que sientes es tu *Sistema de Guía Emocional* diciéndote: "Estás pensando en lo que no deseas." En este caso te diríamos: permítete desear un poco, piensa en lo que deseas, siente la emoción positiva que genera el deseo y deja que se aleje la desilusión. Y, al pensar en lo que deseas, lo atraerás.

Háblanos de *Establecer Prioridades en Nuestras Intenciones*

Jerry: Ustedes nos ofrecieron a Esther y a mí un proceso que nos ha dado grandes resultados, y me gustaría que se extendieran un poco en este tema. Es el proceso de *Establecer Prioridades en Nuestras Intenciones.*

Abraham: Aunque ustedes no mantienen todas sus intenciones en un momento dado, a menudo tienen muchas intenciones que se relacionan entre sí en ese momento. Por ejemplo, cuando se están relacionando con su pareja, desean una comunicación clara, desean sentirse animados, desean animar a su pareja... y desean influir en su pareja para que desee lo mismo. En otras palabras, desean armonía.

Es importante que identifiquen cuáles intenciones desean realizar con mayor intensidad, porque cuando les dan <u>prioridad</u>, le ofrecen atención particular a lo que es más importante; y al darle atención particular, atraen poder en la intención que es más importante para ustedes.

Entonces, digamos que has comenzado tu día pero no has definido claramente tus segmentos. Te mueves con torpeza durante tu día, como lo hace la mayoría, de un lugar al otro, dejándote zarandear por los impulsos y los deseos ajenos o por tus propios hábitos. El teléfono suena, tus hijos te piden esto y aquello, tu pareja te hace preguntas y descubres que no estás claro respecto a nada, pero transcurre tu día de la manera que para la mayoría es más bien normal.

Ahora, te encuentras involucrado en una discusión en donde no te has tomado el tiempo de identificar lo que deseas, digamos, te encuentras en desacuerdo con uno de tus hijos o con tu pareja o cualquier persona, no importa quién sea. Sientes la "alarma" que proviene de tu Ser Interior. La emoción negativa se incrementa por un sinfín de razones. Estás un poco enojado contigo mismo por dejarte meter en ese lío al no haber decretado claramente tus intenciones, pero más aun, te sientes enojado porque estás en desacuerdo con las intenciones de la otra persona, lo que esa persona está diciendo o lo que desea.

Si te atrapas en ese segmento y dices: *¿qué es lo que más deseo ahora mismo de esta situación?*, podrías reconocer que tu intención predominante es *sentir armonía*, entenderte con tu esposa o con tu hijo o con quien sea. Es decir, tener una relación armoniosa es definitivamente más importante que ese problema insignificante. Y cuando reconoces que la armonía es lo que más deseas, de repente estás claro; tus emociones negativas se esfuman y declaras algo así como: *espera, hablemos, no quiero discutir, tú eres mi mejor amigo, deseo armonía entre nosotros. Quiero que seamos felices juntos.* Y cuando haces esta declaración, desarmas a la otra persona. Le recuerdas que la armonía es también la intención dominante de esa persona. Y ahora, desde tu nueva y enfocada *intención prioritaria,* la cual es armonía, tienes una visión fresca de este tema a la vista el cual es mucho menos importante.

Ahora les ofreceremos una declaración que si la generan al comienzo de todos los segmentos de su vida, les será de mucha utilidad: *mientras comienzo este segmento de mi vida, mi intención es ver lo que deseo ver.* Y lo que logran, cuando están relacionándose con otras personas, es que los ayuda a ver que desean armonía; que desean animar a los demás, que desean que su idea sea comprendida efectivamente y que desean estimular el deseo de la otra persona para que esté en armonía con el de ustedes. Esa declaración les será de mucha utilidad.

¿Qué tan detalladas deben ser nuestras intenciones creativas?

Jerry: Cuando deseamos que nuestras intenciones avancen, ¿qué tan detallados debemos ser respecto a los medios, y qué tan específicos debemos ser respecto a los resultados o a la manifestación de nuestras intenciones?

Abraham: Desean ser lo suficientemente detallados en sus pensamientos como para que lo que desean genere emoción positiva al respecto, pero no tan detallados como para que ese pensamiento de lo que desean genere emoción negativa. Cuando anhelan algo vagamente, sus pensamientos no serán lo suficientemente específicos y, por lo tanto, no serán tan poderosos como para poner en funcionamiento el poder del Universo. Por otro lado, no pueden ser tan específicos hasta que hayan recolectado los datos suficientes como para apoyar su creencia, y podrían entonces sentir emoción negativa. *Entonces, sean lo suficientemente específicos como para generar emoción positiva, pero no tan específicos que generen emoción negativa.*

¿Debo repetir con regularidad mis *Intenciones por Segmentos*?

Jerry: Abraham, hablemos en función de la *Intención por Segmentos*. Puesto que sería muy tedioso prestar nuestra atención a cada pequeño detalle involucrado en cada momento, ¿podríamos solamente tener la intención de, digamos, atraer seguridad desde la primera hora de la mañana? En consecuencia, ¿esto nos mantendría seguros durante el resto del día?

Abraham: No es necesario que declaren sus intenciones una y otra y otra y otra vez, aunque es valioso reiterar lo que es más importante para ustedes en cualquier momento del día. *Una vez que han generado su intención de seguridad y comienzan a sentirse seguros, ahora están en un punto en que siempre atraerán seguridad. En cualquier momento en que se sientan inseguros, es el momento de generar de nuevo un refuerzo de seguridad.*

¿Es posible que este Proceso de *Intención por Segmentos* impida mis reacciones espontáneas?

Jerry: ¿Es posible que la *Intención por Segmentos* impida nuestra espontaneidad o nuestra habilidad de reaccionar de cierta manera en una situación o en un momento dado?

Abraham: La *Intención por Segmentos* impide su habilidad de reaccionar *inconscientemente*, pero fortalece su habilidad de reaccionar *deliberadamente*. La espontaneidad es maravillosa siempre y cada vez que estén atrayendo lo que desean. No es maravillosa cuando están atrayendo espontáneamente lo que no desean. No reemplazaríamos a ningún costo crear deliberadamente por crear espontánea e inconscientemente.

El delicado equilibrio entre la creencia y el deseo

Jerry: Abraham, ¿se tomarían un momento aquí para hablarnos sobre lo que ustedes llaman *el delicado equilibrio de crear, entre el deseo y la creencia*?

Abraham: Los dos lados en este equilibrio de la creación son *desearla* y *permitirla*. También podría llamarse *desearla* y *esperarla*. Igual podrían decir *pensar en ella* y *esperarla*.

El mejor caso es desear algo y atraerlo con la creencia o la expectativa de lograrlo. Esa es la máxima expresión de la creación. Si sienten el más ligero deseo de algo y creen que pueden lograrlo, el equilibrio es perfecto y será suyo. Si sienten un gran deseo de algo pero dudan de su habilidad para lograrlo, no puede ocurrir, por lo menos no por ahora porque primero deben alinear sus pensamientos de deseos con sus pensamientos de creencia.

Quizá han estimulado el pensamiento de algo que no desean, pero como a menudo han escuchado informes de cosas que les han ocurrido a otras personas, creen en la posibilidad de que les ocurra a ustedes. Entonces su sutil pensamiento de esta cosa indeseada y la creencia en su posibilidad los convierten en candidatos para el logro de esa experiencia.

Mientras más piensan en lo que desean, la *Ley de Atracción* les brindará más de su evidencia, hasta que *terminan* creyéndolo. Y cuando comprenden la *Ley de Atracción* (y es fácil llegar a hacerlo debido a su consistencia permanente) y comienzan a dirigir delibe-radamente sus pensamientos, se realiza su creencia en la habilidad de ser, hacer o tener cualquier cosa.

¿Cuándo nos lleva a actuar esta *Intención por Segmentos*?

Jerry: Somos Seres físicos y nos han enseñado a creer que con el fin de recibir un retorno económico, es importante el trabajo arduo. Pero ustedes no mencionan mucho de la acción física. ¿Cómo se ajustan en la situación creativa el *trabajo arduo* o la *acción física*?

Abraham: Mientras más atención le prestan a una idea a través del pensamiento, más responde la *Ley de Atracción* y más poderoso se vuelve el pensamiento. Al cimentar la *Intención por Segmentos* y al imaginar en su *Taller Creativo*, comienzan entonces a sentir la inspiración de actuar. *La acción que proviene del sentimiento de inspiración es una acción que produce buenos resultados, porque están permitiendo ser llevados por las <u>Leyes del Universo</u>.* Sin embargo, si toman acción sin cimentar deliberadamente, a menudo su acción se siente como un trabajo arduo, porque están tratando de hacer que pasen más cosas en este momento de las que la sola acción puede lograr.

Si visualizan su creación y luego prosiguen con la acción que les fue inspirada, descubren que su futuro está listo y presto, y luego pueden ofrecer su acción con el fin de disfrutar el fruto de su verdadero poder creativo en vez de tratar incorrectamente de usar su acción para crear.

¿Cuál es el mejor curso de acción?

Jerry: Entonces, cuando hay muchas acciones posibles que *podríamos* llevar a cabo con el fin de lograr algo específico, ¿cómo podemos decidir finalmente, en último momento, cuál curso de acción es el más efectivo para nosotros?

Abraham: Imaginando el acto en potencia y luego notando cómo se sienten mientras se imaginan esa acción. Si tienen dos opciones visualicen realizando una de ellas y noten cómo se sienten al respecto. Y luego visualicen la otra opción y vean cómo se sienten. Lo que sienten respecto a la acción en potencia no estará muy claro para ustedes, sin embargo, a menos que se hayan primero tomado el tiempo de identificar sus intenciones y colocarlas en orden de prioridad. Una vez que lo han hecho, tomar la decisión de lo que es más apropiado para ustedes es un proceso muy sencillo. Usarán su *Sistema de Guía Emocional*.

¿Cuánto debo esperar para que algo se manifieste?

Jerry: Digamos que hay personas que están esperando que algo se manifieste ahora mismo y descubren que se están desanimando porque su intención todavía no se ha manifestado. ¿Cuánto deberían esperar antes de que haya alguna señal visible de su éxito? ¿Y cuáles serían las señales de que *va* a ocurrir?

Abraham: Cuando generan su intención de tener algo y tienen la expectativa de conseguirlo, ya está en camino hacia ustedes, y comenzarán a ver señas: verán otras personas que han logrado algo similar lo cual estimula más sus deseos; advertirán aspectos de su logro en muchas direcciones distintas; se descubrirán pensando en eso y sintiéndose emocionados con frecuencia y se sentirán muy bien respecto a lo que desean. Estas son algunas de las señas anunciadoras de las que les hablamos.

Cuando comprenden que la mayor parte de su esfuerzo creativo se va en lo que desean y luego alinean sus pensamientos con ese deseo, pueden entonces comprender que la mayor parte del proceso creativo está siendo llevado a cabo a un nivel vibratorio. Por lo tanto, su creación está casi completa, tanto como un 99%, antes de que ustedes vean su evidencia física.

Si recuerdan que la emoción positiva que sienten ante la expectativa de su creación es también evidencia de su progreso, entonces serán capaces de moverse rápida y constantemente hacia el resultado deseado.

¿Puedo usar la *Intención por Segmentos* para cocrear?

Jerry: Abraham, ¿cómo podemos usar este Proceso de *Intención por Segmentos* con el fin de lograr una meta mutua con otra persona?

Abraham: Cuanto más hayas trabajado en tu propia *Intención por Segmentos*, más poderosos serán tus pensamientos acerca de *tu* deseo, y tu poder de influencia será más intenso. Al relacionarte con los demás, será más fácil para ellos comprender el espíritu de tu idea.

También es útil usar el *Proceso de Intención por Segmentos* para invocar lo mejor de los demás. Si esperas que sean de poca ayuda o que no se enfoquen, lo atraerás de su parte, mientras que si esperas que sean brillantes y útiles, atraerás *eso* de ellos. Si has pasado algún tiempo atrayendo tus pensamientos hacia un lugar poderoso antes de tu encuentro físico, tendrás una cocreación mucho más satisfactoria para ti y para ellos.

¿Cómo puedo transmitir con mayor precisión mis intenciones?

Jerry: Recuerdo, que en los últimos años, a menudo me he encontrado en una situación en que sentía que era muy importante, pero la otra persona y yo hablábamos en círculos y luego cuando me iba, pensaba: *¡caramba! Podría haber dicho esto* y *debí haber dicho aquello* y *quise decir lo otro,* pero no lo hice. Entonces, en vez de sentirme realizado al terminar la conversación, a menudo me sentía frustrado. ¿Cómo pude haber evitado que eso ocurriera?

Abraham: Pensando en el resultado de tus deseos *antes* de enfrascarte en la conversación, ganas un impulso que te ayudará a transmitir con mayor claridad lo que deseas expresar. También tiene mucho valor reconocer que al combinar tus pensamientos, ideas y experiencias con las de la otra persona, tienes el potencial de crear algo incluso mucho mayor que si lo hicieras tú solo. Al cimentar tus expectativas positivas de la contribución de los demás, te coloca en una posición en que te das cita con la claridad, el poder y el valor de esas personas. Con esta alineación de bienestar, tu mente estará más clara, invocarás claridad de parte de los demás y juntos tendrán una cocreación maravillosa.

Jerry: ¿Qué tal cuando una persona no desea molestar a los demás o herir sus sentimientos, o enojarlos cuando el tema de la conversación sea controversial? Es decir, si estás es una conversación con alguien que tiene deseos *conflictivos* y, sin embargo, puedes ver que hay posibilidades de lograr metas mutuamente *beneficiales* si es posible evitar una controversia en potencia, ¿cómo podría una situación así salir bien para todas las personas involucradas?

Abraham: Generando tu intención, cuando entras en ese segmento de enfocarte en las cosas que los dos *tienen* en común; enfocarse en los puntos de armonía; prestarle poca atención a las cosas en las cuales *no* están de acuerdo y prestándole mucha atención a las cosas con las cuales *sí* están de acuerdo. Esta es la solución a todas las relaciones. *El problema con la mayoría de las relaciones es que ustedes escogen las pequeñas cosas que no les gustan y luego les prestan toda su atención. Después ocurre que por la Ley de Atracción, piden más de lo que no quieren.*

¿Es posible tener prosperidad sin trabajar por ella?

Jerry: Nos han dicho muchas veces que podemos tenerlo *todo*. Asumamos una situación en donde las personas desean prosperidad, pero no desean ir a trabajar ni buscar un empleo. ¿Cómo sugieren que estas personas pasen por alto este dilema?

Abraham: Considerando las intenciones de manera separada. Si ellos desean prosperidad, pero su creencia es que la prosperidad solamente llega a través del trabajo, entonces no serán capaces de conseguirla porque no desean aquello que creen que podría generarla. Pero, cuando consideran la prosperidad como algo separado, entonces no la asocian con el trabajo que están resistiendo y serán capaces de atraerla.

Tú has traído a colación algo muy importante y es lo que llamamos intenciones conflictivas o creencias conflictivas. *La solución es sencillamente cuestión de retirar su mirada de lo que es conflictivo y colocarla en la esencia de lo que desean.*

Si deseas prosperidad y crees que es necesario el trabajo arduo y estás dispuesto a realizarlo, no hay contradicción y lograrás un nivel de prosperidad.

Si deseas prosperidad y crees que se requiere trabajo arduo y te sientes reacio hacia él, hay contradicción en tus pensamientos y no solamente será muy difícil para ti realizar la acción sino que, además, cualquier acción que realices no será productiva.

Si deseas prosperidad y crees que te la mereces, y esperas que te llegue solamente porque la deseas, no habrá contradicción en tus pensamientos y la prosperidad fluirá... Pon atención a cómo te sientes cuando piensas para que puedas sortear los pensamientos contradictorios y así eliminarás la contradicción respecto a cualquier cosa que desees. La *Ley de Atracción* debe traértela.

Cuando llueven las ofertas de trabajo, ¡caen a cántaros!

Jerry: Entonces, digamos que hay una persona que no ha sido capaz de encontrar empleo después de meses y meses de desearlo y de intentar conseguirlo, y luego tan pronto como *llega* a conseguir un empleo, aparecen otras cuatro o cinco ofertas buenas de empleo al tiempo, digamos, en una semana. ¿Cuál sería la causa?

Abraham: La razón por la cual el empleo se tomó tanto tiempo en darse fue porque la persona en vez de enfocarse en lo que *deseaba,* el empleo, se estaba enfocando en la *falta* del empleo, lo estaba alejando. Una vez que logra romper el hechizo y obtiene el empleo, su enfoque ya no está en la *falta* de empleo, *el enfoque giró hacia lo que deseaba y entonces, comienza a recibir más de lo que estaba cimentando.* En tu ejemplo, el deseo aumentó cada vez más aunque la creencia era débil; con el tiempo, la *Ley de Atracción* cedió hacia el sentimiento más fuerte de esta persona. Sin embargo, esta persona se torturó sin necesidad al no tomarse el tiempo de aclarar sus pensamientos.

¿Por qué a menudo después de una adopción ocurre un embarazo?

Jerry: ¿Es esa la razón por la cual una pareja que no ha podido tener hijos por años, cuando adopta un niño, la mujer de repente queda embarazada?

Abraham: De hecho, es el mismo caso.

¿Cómo va la competencia de acuerdo al plan de la Intención?

Jerry: Otra pregunta. ¿Cómo se ajusta a este escenario la *competencia*?

Abraham: Desde nuestra perspectiva, en este vasto Universo en el cual todos estamos creando, en verdad no existe la *competencia*, porque hay suficiente abundancia en todos los temas para satisfacernos a todos. Ustedes se colocan en una posición de competencia al decir que solamente hay un premio. Y eso puede generar un poco de molestia porque desean ganar; no desean perder, pero a menudo la atención es puesta en perder en vez de en ganar.

Cuando se colocan en la posición de competencia, el ganador siempre es el que está más claro en su deseo y el que más lo espera. Es la Ley. Si hay algún valor en la competencia es éste: estimula el deseo.

¿Sería provechoso fortalecer mi fuerza de voluntad?

Jerry: ¿Hay alguna forma de que las personas fortalezcan su fuerza de voluntad para que logren más de lo que desean y menos de lo que no desean?

Abraham: Usar el proceso de *Intención por Segmentos* ciertamente ayuda a lograrlo, pero no se trata tanto de "fortalecer la fuerza de voluntad" como de tener pensamientos que la *Ley de Atracción* incrementará. *Fuerza de voluntad* significa "determinación." Y *determinación* puede significar "pensamiento deliberado." Pero todo esto suena como una labor mucho más difícil de lo que es en verdad. *Sencillamente, piensen en lo que prefieren consistentemente durante el día y la <u>Ley de Atracción</u> asumirá el control del resto.*

¿Por qué la mayoría de los seres se detienen en su crecimiento?

Jerry: Me parece que la mayoría de las personas de nuestra sociedad, para cuando llegan a la edad de 25 ó 35 años sienten que ya han crecido y madurado lo que tenían que crecer. Tienen la casa que deseaban tener; llevan el estilo de vida que deseaban; el empleo que iban a tener; las creencias, las afiliaciones políticas, las convicciones religiosas que iban a tener e incluso la variedad de experiencias personales que la mayoría iba a tener. ¿Tienen alguna idea de por qué ocurre esto?

Abraham: No se trata de que ya han tenido *todas* las experiencias que iban a tener, es que ya no están atrayendo *nuevas* experiencias. En las experiencias nuevas hay emoción y más deseo, pero muchos ya no están generando deliberadamente sus deseos: están más o menos resignados a *lo-que-es*.

Prestarle atención a *lo-que-es* solamente atrae más de *lo-que-es*. Prestarle atención a lo deseado atrae el cambio. Y, entonces, hay como una especie de complacencia que surge sencillamente porque las *Leyes* no son comprendidas.

La mayoría de las personas dejan deliberadamente de buscar la expansión porque no han comprendido las *Leyes del Universo* y han estado ofreciendo involuntariamente pensamientos contradictorios, que han dado como resultado no obtener lo que desean. Cuando tu creencia de lo que puedes lograr contradice tu deseo de lo que te gustaría lograr, ni siquiera el trabajo arduo puede dar buenos resultados, y con el tiempo terminas cansándote.

Llegar a comprender conscientemente las *Leyes del Universo* y luego comenzar a guiar sutilmente tus pensamientos hacia lo que prefieres, provoca resultados inmensamente positivos.

Jerry: Entonces, digamos que una persona ha logrado un punto en particular en su vida, en que se encuentra en lo que yo llamo una espiral en picada o negativa. ¿Cómo podría usar la *Intención por Segmentos* para comenzar a remontarse de nuevo?

Abraham: Tu *ahora* es poderoso. De hecho, todo tu poder radica en el ahora. Entonces si te enfocas en donde estás ahora mismo y te detienes para pensar en lo que más deseas solamente de este segmento, encontrarás claridad. *No puedes ahora mismo sortear todo lo que deseas de todos los temas, pero puedes, ahora mismo, definir lo que prefieres desde tu ahora. Y cuando lo haces segmento a segmento, encontrarás una claridad renovada y tu espiral en picada se remontará.*

¿Cómo podemos evitar la influencia de antiguos hábitos y creencias?

Jerry: Abraham, parece que es difícil en particular para nosotros descartar nuestras antiguas ideas, creencias y hábitos. ¿Estarían dispuestos a darnos una afirmación que pueda asistirnos para evitar la influencia de nuestras experiencias y creencias pasadas?

Abraham: *Soy poderoso en mi ahora*. No les sugerimos que descarten sus antiguas ideas, porque al tratar de hacerlo, en verdad están pensando en ellas de nuevo. Y, es valioso que guarden algunas de sus antiguas ideas. Solamente sean más conscientes acerca de hacia dónde dirigen sus pensamientos y tomen la decisión de pensar en lo que se siente bien. *Hoy, no importa hacia donde vaya, no importa lo que haya, mi intención dominante es ver lo que quiero ver. Nada es más importante que sentirme bien.*

Jerry: Entonces, si estamos viendo las noticias negativas que están transmitiendo a través de los medios de comunicación o incluso, si estamos escuchando los problemas que nos cuentan los amigos, ¿cómo podemos evitar que esa negatividad nos afecte?

Abraham: Generando la intención en cada segmento de tu experiencia, para ver solamente lo que quieres ver. Y luego, incluso desde la más negativa de las presentaciones, ellos verán algo que *desean*.

¿Hay algún caso en que sea bueno decir lo que uno no desea?

Jerry: ¿Hay *algún* caso en que esté bien que digamos lo que *no* deseamos?

Abraham: Decir lo que no desean puede a veces ayudarlos a ver con mayor claridad lo que *sí* desean. Pero, es buena idea cambiar rápidamente el tema de lo que *no* desean hacia el tema de lo que *sí* desean.

¿Tiene algún valor investigar nuestros pensamientos negativos?

Jerry: Abraham, ¿alguna vez ven algún valor en tratar de identificar el pensamiento específico que generó una emoción negativa?

Abraham: Puede ser valioso por esta razón: *lo más importante de reconocer que están teniendo un pensamiento negativo, es que cada vez que puedan dejan de pensar en lo negativo.* Si hay una creencia muy poderosa en su interior, entonces puede ser que ese pensamiento negativo aparezca una y otra vez. Por lo tanto, tienen que estar continuamente desviando ese pensamiento negativo hacia algo más. En este caso, es de valor reconocer el pensamiento en cuestión y modificarlo aplicando una nueva perspectiva. En otras palabras, moldear la creencia conflictiva hacia una que no sea tan conflictiva y ya no seguirá apareciendo ni agobiándolos.

¿Qué ocurre cuando los demás no consideran realistas mis deseos?

Jerry: Si hay alguien que sabe lo que deseamos lograr (y es algo en verdad muy lejos del promedio), y esta persona nos dice que nuestros deseos "no son realistas" ¿cómo podemos evitar que nos afecte?

Abraham: Puedes evitar la influencia ajena pensando, incluso antes de conversar con ellos, en lo que es importante para ti. La *Intención por Segmentos* será de gran valor aquí. *Cuando los demás insistan en que veas la "realidad," te están influyendo para que te enraíces en ese lugar como un árbol. Siempre y cuando sigas viendo solamente lo-que-es, no puedes ir más lejos. Debes permitirte ver lo que deseas ver si quieres atraer alguna vez lo que deseas ver. La atención a lo-que-es solamente crea más de lo-que-es.*

¿Cómo es posible "tenerlo todo en 60 días"?

Jerry: Ustedes han dicho en esencia que en 60 días podríamos tener todo lo que queremos en nuestras vidas. ¿Cómo sugieren que lo hagamos?

Abraham: Primero, deben reconocer que todo lo que están viviendo es un resultado de los pensamientos que han tenido en el pasado. Esos pensamientos han invitado o generado, literalmente, las circunstancias que están viviendo hoy. Y entonces, hoy, cuando comiencen a generar pensamientos sobre su futuro y a verse como desean ser, comienzan a alinear *esos* eventos y circunstancias futuras que los agradan.

Mientras piensan en su futuro, su futuro que puede ser dentro de diez o cinco años, o puede ser dentro de sesenta días, comienzan a cimentarlo. Cuando comienzan a vivir esos momentos cimentados y cuando el futuro se convierte en su presente, lo afinan diciendo: *esto es lo que deseo ahora*. Y todos esos pensamientos que han generado sobre su futuro, hasta este justo momento en que están proponiendo qué acción tomar, se ajustarán para traerles precisamente lo que ahora desean vivir.

O sea, que es un sencillo proceso de reconocer cada día que hay muchos segmentos. Y cuando entren en uno nuevo, deben detenerse e identificar lo que es más importante para que por la *Ley de Atracción*, puedan atraerlo hacia ustedes para su consideración. Cuando más piensen en algo, más claros estarán; cuanto más claros estén, más emoción positiva sentirán y más poder atraerán. Y así, este asunto de la *Intención por Segmentos* es la clave para acelerar la *Creación Deliberada*.

Hemos disfrutado mucho haber compartido con ustedes este importante tema. Sentimos gran amor por ustedes.

Ahora comprenden

Ahora que comprenden las *reglas* tal como son de este maravilloso juego de la *Vida Eterna* en el cual ustedes están participando, están destinados a tener una experiencia maravillosa, porque ahora están en control creativo de su propia experiencia física.

Ya que comprenden la poderosa *Ley de Atracción*, no volverán a malinterpretar cómo es que las cosas les ocurren a ustedes ni a los demás. Mientras practiquen y se vuelvan expertos en dirigir sus pensamientos hacia las cosas que desean, comprenderán la *Ciencia de la Creación Deliberada* que los llevará a donde sea que decidan ir.

Segmento a segmento, cimentarán sus experiencias, enviando poderosos pensamientos hacia el futuro para prepararlos para su llegada. Y al prestar atención a lo que sienten, aprenderán a guiar sus pensamientos en alineación con su Ser Interior y con quienes-en-verdad-son cuando se convierten en los *Permisores* que vinieron a ser, destinados a una vida de realización y alegría infinita.

Hemos disfrutado infinitamente haber estado con ustedes.

Y, por ahora, hemos terminado.

Abraham

Acerca de los autores

Al sentir una gran emoción por la claridad y el sentido práctico de las palabras traducidas de los Seres que se llaman a sí mismos *Abraham*, **Jerry** y **Esther Hicks** comenzaron a divulgar su increíble experiencia con *Abraham* a un pequeño grupo de colegas de trabajo en 1986.

Al darse cuenta de los resultados aplicados en la vida diaria por ellos mismos, y por aquellas personas que hacían preguntas significativas con relación a sus asuntos económicos, a sus cuerpos y a sus relaciones...; y al notar que enseguida lograban aplicar con éxito las respuestas de Abraham a sus propias condiciones, Jerry y Esther tomaron la decisión deliberada de permitir que las enseñanzas de Abraham estuvieran disponibles a un rango más amplio de personas que aspiraban a encontrar las respuestas para llevar una vida mejor.

Usando el Centro de Conferencias de San Antonio, Tejas, como base, Jerry y Esther han viajado por unas cincuenta ciudades al año desde 1989, presentando *Seminarios Interactivos del Arte de Permitir* a aquellos líderes que se reúnen para participar en esta corriente progresiva del pensamiento. Y aunque esta filosofía del Bienestar ha recibido atención mundial de parte de filósofos y maestros que viven en la Percepción Avanzada, incorporando a su vez muchos de los conceptos de Abraham en sus libros de mayor venta, seminarios y otro tipo de lecturas y eventos, la difusión principal de este material ha ocurrido de persona a persona, al comenzar los individuos a descubrir el valor de esta forma de uso práctico de la espiritualidad en la vida de cada uno de ellos.

Abraham, un grupo de maestros No físicos, obviamente evolucionados, comunican su amplia perspectiva a través de Esther Hicks. Y al dirigirse a nosotros en nuestro nivel de comprensión, a través de una serie de ensayos escritos y hablados llenos de amor, tolerancia, e inteligencia, a la vez que de sencillez, nos han guiado para tener una conexión más clara con nuestro amoroso Ser Interior, y a lograr elevar nuestro empoderamiento personal desde nuestra Totalidad del Ser.

Jerry y Esther han publicado más de 700 libros, cintas de audio, discos compactos y videos. Puede comunicarse con ellos a través de su extensa e interactiva página de Internet **www. abraham-hicks.com** o por correo en Abraham-Hicks Publications, P.O. Box 690070, San Antonio, TX 78269.

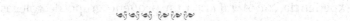

Notas

Notas

Notas

Esperamos que haya disfrutado este libro de Hay House.
Si desea recibir un catálogo gratis con todos los libros y productos
de Hay House, o si desea mayor información acerca de la
Fundación Hay, por favor, contáctenos a:

Hay House LLC
P.O. Box 5100
Carlsbad, CA 92018-5100

(760) 431-7695 ó (800) 654-5126
www.hayhouse.com®

❧❧❧ ❧❧❧